為求真理登淨域，
為學佛法入寶山。

佛光山叢林學院院訓

悲

要有觀音菩薩的慈悲，
撫人心以大無畏。

智

要有文殊菩薩的智慧，
施慧劍以斬煩惱。

要有地藏菩薩的願力，度眾生而不退轉。

要有普賢菩薩的功行，常精進而深行佛。

◎佛光山叢林學院創辦人的話

如何做一個真正的佛弟子

佛光山開山　星雲大師

一九八五年七月，星雲大師為第十三屆佛光山東方佛教學院畢業生開示：

今天是各位同學畢業在即的日子，幾年的薰陶，各位在佛學上也許有一些認識，但是做為一個佛子，在求道的路程上，大家必須努力的方向還很多，在臨踏出院門的今天，有幾句話送給各位同學，今後如何培養崇高的宗教情操，激起希聖希賢的意念。

第一、對三寶要加強信心

我們秉承佛陀的教法要把佛法弘揚，我們也常以佛教徒的身分自傲，但是放眼而觀，令人很感慨的發覺——現代的佛教徒缺乏信心。這話怎麼說？因為現代的佛教徒對於佛陀教法未能奉行，對於佛教道理不敢肯定。既沒有用佛法來引導人生，也沒有用佛法來改造生活，這就變成「佛法是佛法，生活是生活」了。生活既然和信仰無法一致，那麼佛教不是和生活脫節嗎？那就完全違背佛法的真義了。比方說：佛教講因果，我們真有因果觀念嗎？佛教講苦空，我們真有體會苦空嗎？佛教講慈悲，我們真能奉行慈悲嗎？佛教講無我，我們真能實踐無我嗎？

所以，如能奉行佛陀的教法，對佛教生起真正的信心，這才能算是一個真正的佛教徒。

1

第二、對修持要堅定道心

一般佛弟子在佛門裡，偶爾遭遇挫折和苦難，馬上就灰心了；稍有不如意事，信心馬上就打了折扣。我們不可在佛教有光采時才要信仰，當佛教遭遇了苦難時，更要表示無比堅定的信心，我們要有為教殉難的道心。俗語說「路遙知馬力，日久見人心」，在佛法中，信心愈久、愈堅強才禁得起考驗！

在佛教裡也有一些看來像很有道心的人，但是往往只有五分鐘的熱度，這種無法持久的「露水道心」是成不了大事的！我們對持戒律己、對早晚課誦、對參禪念佛，都要有永恆的道心。道本是永恆性的，若人無永恆心，又怎能與永恆的道相應呢？

在佛教中能否安住身心，就看道心的有無，有道心者不管物質缺乏、人情冷暖、世事坎坷、情緒變化，因為有道可以安住，穩定我們的身心，不管外境如何變化，都能如如不為所動，隨遇而安。

第三、對佛教要鼓動熱心

在《成佛之道》一書中曾說：「不忍聖教衰，不忍眾生苦，由此入佛道。」今天有多少佛教的事業等待我們去創造，有多少佛教的道場等待我們去發揮。佛教的先賢大德們為我們打好了基礎，為我們開創了坦途，只要我們具有熱心去承受發揮，佛教就能光大十方。

有人進入佛門，第一個感覺就是：「佛教好冷啊！」可見得佛教徒對佛教、對社會都不熱心。舉個例子說：佛教中的好事，究竟有幾個人願意攜手合作？佛教中的好人，究竟有幾個人願意擁護尊崇？我們常認為異教徒沒有內容，但是他們卻有無比的熱心，我們佛教本身雖有很好的教義，但是卻欠缺一股熱力，要佛教弘揚就一定要能對佛教鼓動熱心。

第四、對眾生要發起悲心

眼見眾生受苦，我們能生起「無緣大慈，同體大悲」之心嗎？眼見眾生熱惱，我們能發起悲心來化除嗎？

佛經上說離開慈悲心，一切即魔說。今天在佛教中主持道場、弘法度生、趕辦法會的佛弟子，如果沒有真正的悲心，一切將流於世俗，也就不能與佛法相應。

中國一向被稱為大乘佛教的國家，但是實際上，卻只是小乘的行為，其原因就是由於缺乏悲心。所以我們要發揚菩薩道的精神，應先從慈悲心發起。

同學們具備了以上四心之外，更要常常發心，發大乘菩薩救度眾生的心，發弘揚佛法的心，發深入經藏、鑽研教理的心，發精進勇猛、護教衛教的心……發了心，個人就有力量，未來佛教才有希望。

1

嚴之煦之守護菩提苗

佛光山開山寮特助　慈惠法師

六、七十年前的台灣，人們所認知的佛教，其實大多是結合民間信仰的齋教，當時所有的佛學院都不是獨立的，而是某座寺廟裡辦一個佛學班，其他寺院的出家人可以選擇在這裡就讀，學習期間大概兩年，兩年結束就不再辦了，並沒有一個持續性。加上佛學院跟寺院在一起，學生要分擔常住[註]很多的工作，常常不能正常上課，課業的學習和常住法務、作務等，經常會因此起衝突。星雲大師早年即對教育非常重視，以辦佛學院為第一要務，他早就觀察到這些問題，所以一開始創辦壽山佛學院時，就將佛學院獨立不含攝於常

註

常住：就是寺廟，不管稱作「寺、院、庵、堂」，總合都叫作「常住」。寺廟是佛住的地方，不是臨時的，是恆常的，因此稱為「常住」。

住體系。

從壽山佛學院開始，我就跟著大師辦學，大師一生的理念就是為佛教培養人才，唯有受過教育、提升素質，僧眾對弘法利生才能更有深度和廣度。因此大師將四大菩薩的「悲智願行」做為佛學院（壽山佛學院及後來的叢林學院）的院訓，要求佛學院的教育要能養成菩薩度眾的悲心願力，要養成持戒、正派的僧格。在這種理念下，對學生非常嚴格，除了出家人最基本的行誼及佛法的養成外，還要有文學、哲學與史學的涵養，也要能因應現代社會乃至未來社會的度眾需要，學習相關的知識與技能。因此，很多其他佛學院學生跑來報名，因為聽說這裡管得很嚴，所以才來。

大師為佛學院訂下規矩是：每學期從報到那一刻開始，就不可以外出，等學期結束，才給出去。第二條，一個學期只能會客一次，只限於會見父母或自己的師父。其他如生活必需品，是大家登記好後，由在家眾統一出去採買。所以，我們的佛學院由始至終，是完整的佛門、佛學教育，這對於當時有志學佛的青年人，是很大的吸引力，因為可以好好安心的讀書。除了讀書之外，對於五堂功課、經懺法務的訓練，也一點不含糊，在嚴格的要求下培養出來的學生，都很靈巧而且非常有團隊合作精神。

後來學生愈來愈多，壽山寺場地不敷使用，才找了大樹的麻竹園（現在的佛光山），當時荒山野嶺蟲鳥不生，大師與沖沖帶著一車信徒去勘察，信徒一看那遍地刺竹，都不願下車，說：「這地方鬼都不來！」大師說：「鬼不來沒關係，佛來就好了。」大師就這樣留下來開墾，有時候同學也會上山來參與開墾工作，他們參與撿石頭（推土機挖土有很多大石頭撿下來水土保持用）、挖土等工作，雖然辛苦，但是看著一點一滴將學院的雛形建起來，很幸福快樂，學生對這塊土地有深厚感情，到現在都懷念。

早期學院的一日作息，早上四點三十分起床早課，到晚上九點晚課。學生除了學習以外，還承擔很多常住的工作，比如山上的法會都是由佛學院出家眾同學承擔，在還沒有朝山會館之前，高雄的信徒來了就住在西上[註]前面的房間，在家眾就負起知賓接待的工作。解門方面，教務處排了很多課程，包括自然科學及佛學，有些較深奧的，師父知道學生聽不懂，就採用小老師制度，晚上七點後幫助同學溫習，雖然

註

西上：佛門中，面向佛像，右邊稱東單，左邊稱西單。佛學院院舍面對大悲殿靠左邊的二樓寮區，稱為西上。

佛學院的文憑不能當飯吃，可是大家都很認真的讀書。我半夜出來巡寮[註]，發現有學生躲在廁所裡面讀書，師父知道了，跟我說：「你不要這樣子，你應該很感動啊！半夜有學生躲到廁所裡讀書！唯一那裡可以開燈啊，你就放他們一馬吧！」這就是大師一直教示我們「訂法要嚴，執法要有人性」的慈悲精神，後來這些學生大多成為佛門龍象，在全球各道場弘法利生，他們非常發心自律，連放香日都在工作，繼續為信徒服務，想來這與當初的教育扎根很深有大關係。

一路走來，我深深感受到師父上人辦學的用心，在那段日子師父的生活就是學院的一切，困難從來沒有難倒他，這樣的精神與動力，如今也投射在分派世界各地的佛光山法師身上，我們從本書裡一篇篇的文章可以感受到，在佛學院的辛苦養成，將大家打磨得熠熠發亮；而師父上人的言教身教也化做無限的動力，無論遇到什麼問題，總能想辦法克服。期望這樣的精神，透過本書傳達給更多人，過去大師的佛學院僧伽教育救了佛教，今日我們要把大師的教育理念傳承下去。

註　巡寮：是叢林裡特有的制度。過去的叢林地廣人眾，舉凡新進人員認識環境，住持定期到各寮口慰問探視，夜晚防止宵小入侵，到各個寮口巡視、巡更，都稱為巡寮。

◇序

佛學院的點石生活

佛光山傳燈會會長　慈容法師

自一九六五年起，星雲大師於高雄創辦壽山佛學院，之後由於學生人數增多，空間不敷使用，遷移到佛光山，更名為東方佛教學院（即今「佛光山叢林學院」），迄今已經超過五十五年頭。五十多年來，在大師的悉心栽培之下，弘法人才遍布海內外，惜因今日即將出版的二冊《我在佛學院的日子》，礙於篇幅關係，僅能收錄其中的近百篇投稿，希望未來再有第三集、第四集……的推出，讓更多「我在佛學院」的法喜，能持續的與讀者們分享。

話說在篇篇的撰文當中，由於每個人過去的人生經驗、經歷不同，學習過程的感受、體會也有不同，有的從服務奉獻談菩提心的增長，有的從見賢思齊談弘法利生，有的從清潔打掃談謙卑的學習，有的從晨鐘暮鼓談身心的安頓，也有的談課誦修持、談體育運動、談威儀訓練、談環境院風、談出坡作務、談找尋真理、談課堂學習……但歸結其中的內容，則有一個共同之處——佛學院的生活之於人生的轉變，確實起到了一定的作用和影響。

在社會上，一般人聽到「佛學院」，總要與呆板、枯燥、單調的生活畫上等號，以為佛學院的生活只有誦經、拜佛。事實上，從這些文章中，我們看到了佛學院教育的豐富多元，有知識的教育，也有生活的教育；有學識學理的教授，也有專長技能的開發；有知識層面的學習，也有實務應用的踐行；有靜態的佛門修持，也有動態的活動參與。換句話說，佛學院的生活是動靜皆宜，寧靜中有其活潑，活動中有其寧靜。

尤其佛法教育不同於一般的社會教育，除了師長的授業、解惑，還有一個最大的特點——重視「自覺的教育」，藉由佛法的引導，讓學生從自我的覺悟中，體會人生的真諦，創造生命的價值。因此，在佛學院的日子，舉凡行立坐臥的威儀養成、出坡勞作的道念啟發、生活細節的習慣培養、日常規矩的奉行實踐、自我心性的觀照反省、做人處事的圓融應對、觀念想法的建立昇華等等，在在都是開發生命潛力、提升生命品質，翻轉我們生命的契機。

一所佛學院能夠擁有五十年以上的歷史，在佛教史上並不多見，而如今佛光山叢林學院已經創辦五十五年，這背後的推動力來自星雲大師「以教育培養人才」的慈心悲願，推動「人間佛教」的廣大宏願。透過此書的出版，希望未來能有更多的青年認識人間佛教、學習人間佛教、弘揚人間佛教，讓人間佛教的光輝普照到社會各個角落，利益廣大的眾生。

1

◇序

法燈不盡

佛光山叢林學院院長　妙南法師

佛光山叢林學院，走過五十六週年，這裡是佛光山歷史的起點，更是所有初發心菩薩長養聖胎、刻苦用功最深的回憶。佛光山每一年舉辦一次徒眾講習會，凝聚弟子們弘法的共識，最精彩的「會中會」，便是同一屆的畢業生共聚一堂，話說佛學院的趣聞妙事。

星雲大師說，佛光山的特產是歡喜；但每一段修行生命，或者經歷親人眷屬千般不捨，或者是個人習氣百般難耐，或是佛法義理窮究於心，可以說每一項都是不容易的課題，因為不容易，所以面對、承擔、突破、放下，再回頭一望，突然鮮明眼前，成了妙趣無窮的好滋味。

我自己從師範學校畢業、擔任教職，再到佛學院就讀、出家，從老師變成法師，點滴看見佛光山培養佛教人才的全面性、開闊性與實踐性。在鐘板不斷的叢林中，大師永遠都是一句「只要你肯，你就能」，因此承擔、發心就有未來；在僧信二眾共同薰修的和合中，大師有「破銅爛鐵也能打煉成鋼」的慈悲願力，因此給足了弟子們發揮解行的平台；而在佛光山的國際弘化視野中，大師小從一碗麵、一首佛曲、一場籃球賽，大到一場國際會議、跨宗教交流，在在顯發《法華經》中「開、示」法義真理，而後「悟、入」證成覺性的教育方法。

很多人說我是佛學院最年輕的院長，心裡清楚，真正顯發的不是我的能幹與否，而是大師培養人才的苦心。他常告訴我：「不要怕，有問題來找我，我陪你一起解決。」於是站在一代大師身後，我的步履慢慢踏實，也應現佛光山重重無盡華嚴法界，站在這片佛光山的起點，大師的法身如如，這裡的一草一木始自於他親手種植；這裡的每一份精神、每一個規矩，都由他親自指導制定；甚至對於課程師資，大師始終堅持找最好的老師、不計成本開最好的課程，果真，承擔是無畏的養分，更是承上啟下的幸福。

此書由前任院長妙凡法師發起，感謝香海文化妙蘊法師帶領編輯群，更感動大師一聽聞此書即將出版，交代書記室妙廣法師贈與「悲智願行」墨寶，做為創辦人的期勉，這是佛光山叢林學院的院訓，更是佛光山菩薩道精神始終如一的行持。

佛學院五十六年來培養五千餘位僧信弟子，本次輯錄七十位僧信二眾畢業校友的文章，現在都住持一方，為佛教努力奉獻，可以做為弟子呈顯師父上人的教育妙法，也可以說是每一段修行生命的「修行道跡」。

《我在佛學院的日子》本次分成兩冊，祈盼未來繼續有第三、四冊，讓法燈不盡、法幢高樹。

1

人生多少抉擇是在自己，
唯有勇敢面對自己，
把握當下每個因緣，
才是前進佛道的動力。

【目次】

1 序

圓門
交會的火花

六十坡

一步一華嚴

成佛之道

悲智願行下的

圓門
交會的火花

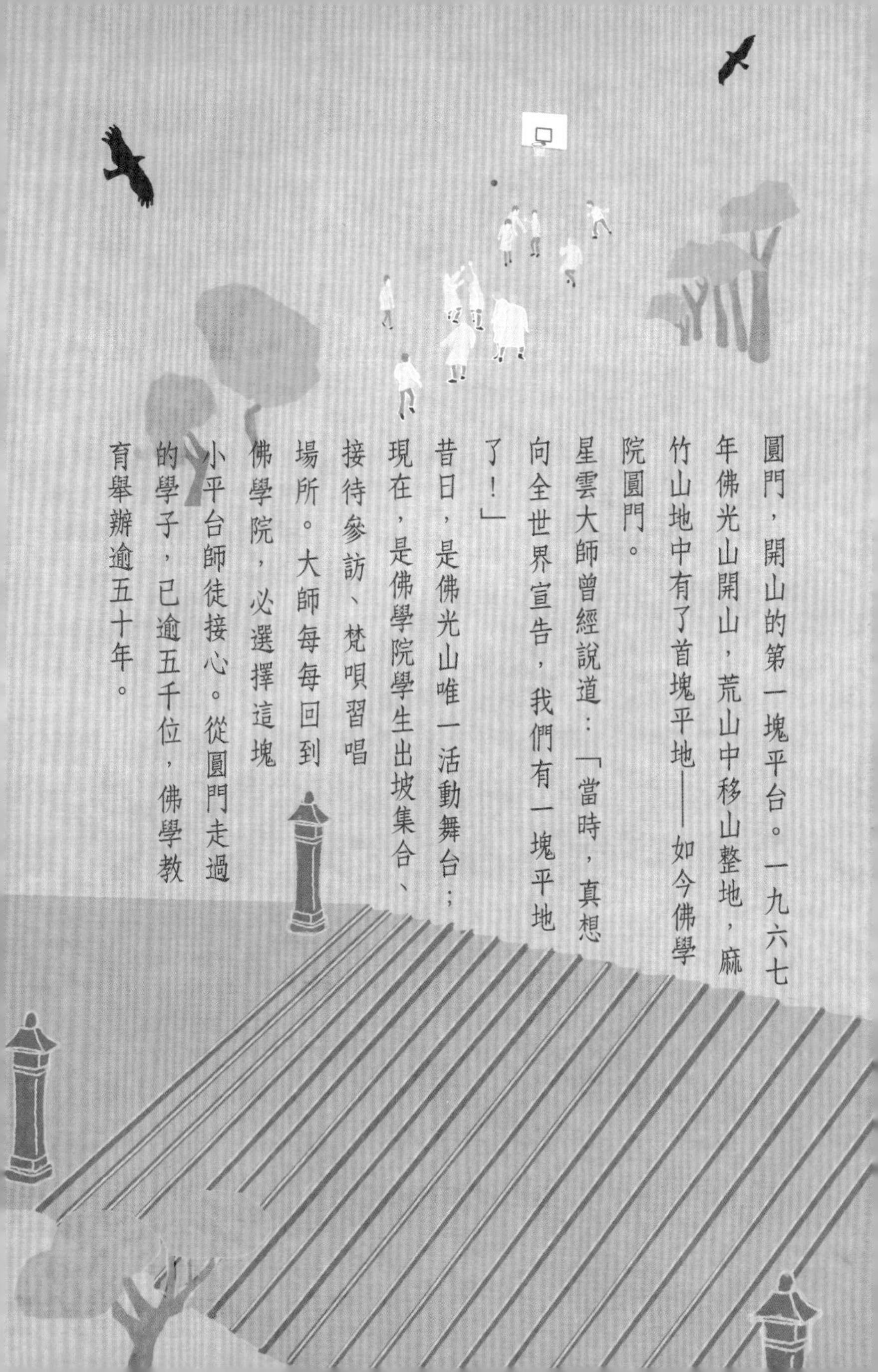

圓門，開山的第一塊平台。一九六七年佛光山開山，荒山中移山整地，麻竹山地中有了首塊平地——如今佛學院圓門。

星雲大師曾經說道：「當時，真想向全世界宣告，我們有一塊平地了！」

昔日，是佛光山唯一活動舞台；現在，是佛學院學生出坡集合、接待參訪、梵唄習唱場所。大師每每回到佛學院，必選擇這塊小平台師徒接心。從圓門走過的學子，已逾五千位，佛學教育舉辦逾五十年。

我在佛門的第一份工作

當年辭掉彰商教職，上佛光山承擔的第一份工作，就是佛學院的教務工作，師父時任叢林大學院長，慈莊法師則擔任東方佛教學院院長。為了讓學生有堅強的師資陣容，慈莊法師帶著我，拿著聘書，披著袈裟，去頂禮聘請教界的耆宿法師，上山教授因明、唯識等佛學課程。為了請成功大學中文系系主任唐亦男教授來教「魏晉玄學」，我們造訪成大教師宿舍，最後因為我大學曾選修唐教授的先生王淮老師的「老莊」課程，以此因緣而成就一樁美事。

當時適逢佛光山開山的第一個十年，開山機不曾停歇，職事們最期待的是，每天早上七時至九時，聆聽師父的「成佛之道」等課程，然後跟隨他去巡視工程，看他拿著瓦片在地上描畫，一棟棟輝煌的殿宇就從地涌出矗立於佛光山。下午四點半是全院師生最快樂的時刻，早期到老育幼院前的廣場，後來移至東山籃球場，全山總動員，天龍地虎打成一片，每天進行一場不計輸贏、只在參與的籃球賽，球員可以隨時上下場，甲乙隊隨興加入。我們球技不好的人，則圍坐在場邊四周，稱職的當個啦啦隊員。

因為在開山，常住經濟非常拮据，全山大眾都沒有水果吃，只有初一、十五供奉大悲殿觀世音菩薩時有供果，這些水果則要留著以招待遠來、外請的教授專家們。我因為辦教務，有時須陪貴賓用齋，偶爾可能吃到一、二片水果，日子過得既清貧簡淡又滋潤飽滿。直到現在，我都沒有養成吃水果的「好」習慣。現在的學生物質豐裕，過堂時輕易推出水果、菜餚，可惜無法體會物力維艱、來處不易的稀有難得精神。

師父常說：「佛光山以文教起家。」一念茲在茲，傾全力要把教育辦好。他禮賢下士、尊師重道，把教界僧信二眾的大德幾乎都網羅上佛光山教書，在寶藏堂召開無數次的佛教人才培育會議。印象最深刻的是，有一次會議正如火如荼的熱烈進行，師父突然叫人趕快準備午齋，因為座中有一位外道場的出家人修「過午不食」，大家只好臨時中止會議，吃飯要緊。多年後，他倡導的佛光會主題「尊重與包容」，其實他早已身體力行。

佛學院有些教授從台北搭飛機來山上課，以當時台灣的經濟條件，搭飛機算是高等消費。為了辦學，作育英才，佛光山不惜一切資源投入教育工作，其中有一位教授，經常半夜三更才到達佛光山。辦教務的我，不好驚動別人，只好獨自枯坐在頭山門的大樹下，在幽微的星光中守候教授的到來，並且還要張羅他的掛單、點心，讓貴客賓至如歸，沒有絲毫的不便。這是師父一向教導我們「給人方便」的待客之道，某位教授有感而發說：「三代禮節，盡在於斯。」意思是說「禮失求諸野」，夏商周三代的禮樂精神，保藏在佛門展現無遺。

從日本完成學業回山，一頭栽進一連串的行政工作。前後接管過普門中學、大慈庵、雙林寺住持、佛光山文教基金會、文教處（佛光山文化院的前身），每週並且要舟車輾轉的到文化大學哲學系上課，這其間始終未曾更換的單位，就是佛學院的工作。歲月悠悠，一晃十幾寒暑。其中舉凡招生、設計課程、聘請師資、為學生覓設獎學金等等，都是我們的職務。有一年，師父更是破釜沉舟，把我們幾位負責佛光山僧伽教育行政工作的人，集合在美國西來寺，整整一個月，每天不眠不休的討論佛學院的辦學方向與策略，最終定下佛光山僧伽教育三級制度：等同高中程度的「東方佛教學院」、大學學歷的「佛光山叢林學院」、相當於研究所的「中國佛教研究院」。「叢林大學」正式轉型為「佛光山叢林學院」，下設「經論教理」、「文教弘法」、「法務行政」、「社會應用」等四系，先行試辦「經論教理」和「法務行政」兩系，成效斐然，延續至今不輟。「中國佛教研究院」則因南華與佛光兩所大學設有宗教研究所而併入。自此佛光山的僧伽專才教育體系，脈胳分明，人才輩出。

佛學院最鼎盛的時候，全院學生曾多達七百多人，分部林立。佛光山叢林學院分為專修部和國際學部，專修學部下設本山的男眾學部和女眾學部，以及台北女子佛學院、基隆學部、彰化的福山學部；東方佛教學院則分有本山的沙彌學園、東方佛教學院女眾部、嘉義的圓福學園。國際學部有英文佛學班與日文佛學班。大學級別的專修學部學生，一年級初入學時不分科系及區域，都在佛光山接受扎實的通識教育，等到二年級時，再依學生的志願分發到各個區域，或台北，或基隆，或福山，或留在本山就讀，務期達到快樂學習。雖然如此，大悲殿內總本部的教室、寮房、齋堂、圖書館等硬體設備，仍然不敷使用，責成永昭法師監督工程，因此在原來東西兩廂的寮房上加蓋第三層樓，綜合圖書館、研究圖書館、青齋堂、禪堂、大會堂等建築，像雨後春筍般林立在佛光山最早期開山的一座山頭，一片朝氣蓬勃的氣象。

佛學院的教育分兩大領域，一為生活教育，特別注重五堂功課的訓練，平日課誦禮佛、過堂跑香、搬柴運水，屬於行門的實踐；一為思想教育，學習基礎佛法，八宗兼備，乃至專經專論的深入研讀，建立正知正見，是為解門的積學。除此之外，佛光山系統的僧伽教育對於實務經驗的培訓特別加強，叢林四十八單的工作樣樣都能一肩挑起。時逢佛光山開山二十週年慶，我們帶著學生從台北行腳到佛光山，三十天走了六百多公里，不管烈日曝晒、大雨傾盆，走出佛子正信的道路。每天雖然要照顧長了水泡的「足下」，但是每個人精神抖擻，晒出一身健康的古銅色。

師父以托缽行腳的淨財成立佛光山文教基金會，辦公室就設在佛學院之內，我後來接掌執行長。為了接引更多的青年學佛，學院師生集體合作，舉辦了連續三期的「短期出家修道會」，每期十天，男眾要剃去鬚髮，規矩嚴格比照出家眾的三壇大戒，結界、禁語、不捉金錢珠寶等等，引起台灣媒體的熱烈報導，培育了一批法門龍象，慧寬法師三姐弟、佛光山日本總住持滿潤法師等人，都是第一期的發心菩薩，短期出家後來遂成為佛學院每年必定舉辦的重要活動。在佛學院的香雲堂，我們以「堂」為「廠」，租來機器，自行印刷第一屆「佛學會考」的試題，仿照大學聯考，嚴禁閒雜人等入闈。

一九八八年冬起，由佛學院承辦了「國際禪學會議」，有台、日、韓、美、義等多國佛學專家學者來發表論文，轟動一時，接著又舉辦一場「佛教學術會議」。尤其後來舉辦的兩場「佛教青年學術會議」，場地就設在佛學院內，並且由佛學院的學生自己策劃、執行所有的議程工作，舉凡會議順暢進行的議事組、接送機的交通組、掛單的住宿組、飲食的典座組等等繁瑣的事項，學生們都一手包辦，從容不迫，完全可以勝任任何大型的學術研討會。「養兵千日，用兵一時」，老師們只要站立一旁，悠閒的欣賞自己苦心陶鑄出來的藝術品。

要深入經藏，如何解讀古文是無法避免的關卡。都說文史哲不分家，自己大學讀的恰巧是「中國文學系」，為了加強學生的中文能力，有一段時間，每天傍晚藥石過後三十分鐘，我就搬了一張矮凳，拿著大聲公擴音器，面對大悲殿，坐在四十坡的平台，每日一成語，為學生講解每個成語的典故及用法，完全自由參加，氣氛輕鬆，是個快樂的師生互動時間。

佛學院保有許多優良的文化，譬如尊師重道的傳統精神，學生自動為老師擦黑板、茶水供養、更換擦手毛巾等等禮節。長幼有序，敬重學長的佛門倫理，學弟看到學長要合掌，行進時要側立讓路，這些良好的教養要一代一代的傳承下去，不能斷層。往日每年有三百多位學生畢業，各個單位的職事們摩拳擦掌，極盡遊說之能事，就像社會企業團體的招攬人才舉動。「得天下之英才而教之，人生一樂也」，多年來佛學院的畢業生們，無論在文化、教育、寺務、國際交流等佛教事業，均能住持一方，弘法五大洲。佛學院是作育佛教英才的搖籃，期盼江山代有人出，文化薪傳，綿延不絕。

安心吃飯好修行

未入山門前，我嘗過無數山珍海味，但總覺得少了一味，直到跨入佛學院，才找到這一味。

禪和子問趙州禪師修行法要，禪師答道：「吃飯！睡覺！」進入佛學院後，搭衣過堂，才發現吃現成飯如同馴獸，要費盡九牛二虎之力。

過往，我習慣隨性用餐，搭上皂黑厚重又密不透風的海青縵衣，簡直比穿上素色的西裝還難過；此外，眼睛還要隨時觀察縵衣是否凌亂，往往一頓齋飯下來，全身就像洗完三溫暖般汗流不止。

過堂時，不僅身要正襟危坐，左手要如龍含珠拿著碗，右手要像鳳點頭般使用筷子，嘴巴要禁語，就連飯碗、湯碗、菜盤擺放的位置都有一絲不苟的要求。其中最難跨越的坎莫過於「食存五觀」：

計功多少，量彼來處；
忖己德行，全缺應供；
防心離過，不生瞋愛；
正事良藥，為療形枯；
為成佛道，應受此食。

每回進齋堂後，我用眼睛打量今天的菜色，用鼻子嗅聞齋堂的菜香，滿肚皮飢腸轆轆，全舌頭垂涎欲滴，心隨著五根七上八下、東奔西逐，早就將「食存五觀」忘得一乾二淨。

當大眾唱完心香一瓣的〈供養咒〉後，我忙得不亦樂乎。飯菜合口味時，心裡歡喜樂，彷彿身處天界，思食得食；一旦飯菜不對味，心裡就悵然若失，彷彿身處炙熱的餓鬼道，滿盤食物難以下嚥。一頓飯結束，心念就陷入貪瞋癡上，難怪老師常說：「過堂正是檢驗心地工夫的最佳時機。」

佛學院不成文的規定是：不能退飯菜。記得有一回過堂，飯桌上擺著一顆顆超級碩大的綠芭樂，引起學長們個個心緒騷動，彷彿千斤巨石直下羊腸徑，我終於體會到信施難消的道理。還好，行堂的學長們和行堂頭情商，換了小而美的水果。回到學院後，大家都為躲過這頓豐盛的芭樂餐而鬆了一口氣。

搭衣過堂是一種修行，齋堂是大轉法輪的法堂，每個修道人順應當時的因緣，全盤接受各種酸甜苦辣的口味。

那件海青縵衣、袈裟就是柔和忍辱衣；修道人以肅穆的態度，接受信施檀那一點一滴血汗錢的供養，每一粒白米背後，都有大如須彌山的因緣起承流轉，應供的修道人一似趺坐在如來座上。

用餐前虔誠祈唱〈供養咒〉，其中提到「若飯食時，當願眾生，禪悅為食，法喜充滿」，正是法會中的祈願；用完餐後，〈結齋偈〉唱到「飯食已訖，當願眾生，所作皆辦，具諸佛法」，就是將用齋的功德回向十方的信施檀那。這樣解讀搭衣過堂，不就是一場法會？信施檀那以三德六味的食物供養修道人，修道人以慈心悲願回向眾生，雲居樓齋堂就是諸上善人聚會的「選佛場」。

還記得師父上人曾對我說過：「慧讓，依你的學經歷在外面可以衣食豐足，來到僧團卻只能粗茶淡飯，著實讓你委屈。」我不假思索回答：「師父，我來到佛光山，一點都不委屈，這是個大富大貴之家。因為常住的因緣，讓弟子在五大洲都有為眾服務的因緣，能效法師父上人作個『地球人』。」

每當享受十方信施檀那的無求供養時，慚愧自己德行全缺，卻因佛陀、常住、師父上人的慈心悲願，讓我能在佛學院安身立命、專心辦道，還有大寮（廚房）以及行堂人員，提供上品的天廚妙味，讓我能在佛道上繼續借假修真，這一切能不深深感恩嗎？不就因為佛學院的方便施設，才讓我們這群迷途知返的遊子有了行解並重、福慧共修的這畝良田。

〈佛光四句偈〉中的「慚愧感恩大願心」，是我就讀佛學院搭衣過堂的心得。雖然離「老僧一炷香，能消萬劫糧」的灑脫自在境界還很遙遠，但至少可以「放寬肚皮吃素菜，立定腳跟做好人」，宛如閒雲野鶴，沒有閒事掛心頭，反而更能品味用餐的樂趣和咀嚼菜根的香甜。

原來，安心吃飯是寧靜致遠的幸福，但願眾生都能嘗到這一味。

1

享受「安靜」看清自己

「原來佛光山有佛學院啊！那好吧！去念個佛學院吧！」當初在南屏滴水坊工作時，腦中突然浮現出這麼一個念頭，也就是這個念頭，它無聲無息的住進了阿賴耶識中，也在不注意時它萌芽長大開花結果了；此時此刻，有另一個種子也正在悄悄的長大，就是「出家」。

在佛學院的日子，前後加起來有三年半的時間，三年半說長不長，說短也不短，不過在這段學習時間當中，確實讓我「知道」了不少，也更了解佛法的奧義，甚至明白「生活佛法化，佛法生活化」的意涵，最重要的是佛法確實讓我慢慢的開啟了智慧。

在學院中，對自己的認識也不少，記得在起煩惱時，曾經請教一位學長說：「怎麼進來佛學院後，才知道自己內心的雜質那麼多啊！好像和外面的人一樣。」那位學長很平淡的說：「那是因為在外面你和大家都一樣，就如同一灘混濁水這麼混濁，怎麼看都一樣；而你就像這一灘混濁水中的一小部分，如果把屬於你的那灘混濁水舀起來，放到另外一個器皿裡，讓其靜止不動，在這樣的情況之下，混濁水中的雜質都沉澱下來了，當然你的雜質就會看得很清楚了，就好比現在學院這「沉澱」器皿中，是一樣的道理。所以你才會把你的執著、煩惱看得很清楚。」聽了學長這席話，自己思維過後，發覺我們的心常常會隨著外境起心動念而「隨波逐浪」並非「隨波逐流」。而在佛學院裡，最享受的就是山上的「安靜」；夜晚的「安靜」，從雲居樓走回學部路上的「安靜」，坐在走廊木椅上的「安靜」，禁語的「安靜」，以及香燈晚間在安板及巡視院內路上的「安靜」，打坐能讓心享受安定下來的喜悅，那麼「安靜」就是另類讓心享受安定下來的打坐方式，這也是我在學院裡享受真正快樂的時光。

這三年半的時間，在一瞬間就這樣消逝了，成了過去；回想起來，佛學院氛圍如此的好，為什麼當初要離開佛學院，忘記當初進佛學院主要的原因？又為什麼回到外面去「流浪」？原來是我的「心」已經不安住了；在離開前夕，其實自己很清楚已經知道應該要離開了，就想到天人的「五衰象現」之一的「不安本座」，但是無明實在是太強大了，如同《三時繫念》裡的「業網牽纏」一樣，還是被業力給牽著走。之後，感謝佛菩薩的憐憫，製造種種因緣讓這個迷失的小孩，在離開期間能夠有力量不被外界所誘惑，讓我在夜深人靜時，回憶的都是佛學院生活的點點滴滴，而感得因緣成熟了，又回到了學部，繼續未完成的學業及「功課」。

想想，雖然在學部發生了許許多多的事，但是內心比在外面來得平靜許多，也較容易釋懷，在學部確實容易把自己和別人看得很清楚，也是讓我學習如何反觀自照，做到自覺的教育，對我來說，還是有很大的進步空間。現在出家了，真的可以明白什麼叫做「出家好修行」這句話。自出家以來，發覺自己的習氣，原來不只是以前所觀察到的而已，在內心深處，竟然是波濤洶湧，幾乎都快看不見自己了，以前認為是最原始的自己，也只是假象而已，我在想「佛法裡所指的沒有真正的自己」，應該就是這樣吧！這也難怪為什麼佛陀會開八萬四千個法門，讓我們眾生可以找到一個與自己相應的法門修行，但我愚癡現在還沒有找到，祈求佛菩薩的加持，能讓我可以早日找到相應的法門。

在這佛學院三年半的日子中，有此心得。此外，還是真心感謝佛菩薩不捨棄任何一個眾生，示現種種諸多因緣，讓我曉悟回頭是岸，重新踏上般若船。感謝常住及學部老師的慈悲，願意讓我重新再回來認清自己，以及回歸應該要走的路。在求學當中，老師們願意讓我承擔一些事務；有機會到分別院實習，在這當中有許多是第一次的經驗，老師們也很有耐心的教導，使得自己的能力又向上提升，同時也感謝教育院安排，那麼多優良師資來授課，在佛法上受益良多。最後感謝母親，讓我從小就接觸佛光山，及師父上人所創辦的佛光山這一個人間佛教僧團，讓我的「專才」更加提升，可以發揮到淋漓盡致，服務更多元化。

1

充實的學院學習生活，

身旁總有許多師長、學長時而現怒目金剛相，

時而現菩薩的慈眉善目相，不忘時時耳提面命：

「影印資料就像做人一樣，要正要直，

不能因自己的輕慢心而隨便行事，

看的人眼睛不舒服，也浪費自己的福德因緣。」

「做事要腳踏實地，一步一腳印，

在務實中，長養對佛法的信心。」

諸如此類的聖言量，當下都是當頭棒喝。

要不要便當？

我要下山

一九八八年參加了佛光山的第三期短期出家，結束後，也不知什麼原因就進入了佛光山叢林學院。入學的第一個禮拜，曾起了一個想要下山的念頭：我為什麼要來這個地方？早上四點半起床，做早課打瞌睡，過堂（用餐）非常嚴肅，還要燒柴火、煮豆漿，上課在上什麼課，攏聽無，晚上十點就要睡覺……。

天啊！模模糊糊搞不清楚自己如何進了佛學院，內心一直在吶喊著：「我要下山！我要下山！我受不了！我受不了。」但又有另一聲音出現：「妳都告訴親朋好友說要去念佛學院了，藥專同學也都用好奇眼光看著妳，似乎想著『憑妳，也要去吃菜』！」兩個聲音一直在迴盪，「下山，面子問題」。

最後，為了愛面子，非常勉強、非常勉強的忍耐在佛學院留下來，才有今天的滿方。

愛上佛學院

專一是通識教育，大家一起上課，在沒有佛學基礎之下，學院特別聘請楊郁文老師來教授《阿含經》，游祥洲老師來教授《大智度論》，有國文課老師教我們寫作文，上英文、日文等。

哇！課程非常豐富，慢慢的培養有一點點想念書的欲望，也對佛學產生了興趣。《金剛經》、《成佛之道》、《緇門崇行錄》、三法印、四聖諦等，我上課都很用心，一顆想下山的心已被佛學院降伏了，漸漸的愛上佛學院的生活。

我們這一班

我們這一班三十多位同學，平均年齡二十六歲，在社會上都有工作經驗，對學院所辦的各項活動，尤以禪學會議，本班更扮演著重要角色。

當時，佛光山叢林學院的東上、西上，正在蓋第三層樓，我們出普坡，用接力的方式搬琉璃瓦，瓦片一個同學傳一個同學，一片接一片，直到建設完成，因此佛學院東上、西上三樓屋頂上的琉璃瓦，是我們這一班在佛學院留下最美好的回憶。

要不要便當

下學期逢寒假農曆新年，留在學院參與常住平安燈法會的同學，每天中午吃便當，都要到訓導處登記。某一天，在教室裡，甲同學就問：「誰要？誰要？」乙同學說：「我要！」但甲同學卻拿了剃度登記表給乙同學說：「妳說『我要』的。」之後，想要出家填表時，就變成「要不要拿便當」的公案。

就是笑得不夠

一九八九年二月一日出家後，每逢週六、日，老師派我去大悲殿公務，為信徒遊客服務。當初剛出家，佛法是什麼？十二因緣也弄不清楚，卻要為遊客排解困難，深覺心虛，就跪在觀世音菩薩面前，祈願：觀音菩薩，弟子剛出家，什麼都不懂，希望能給人信心、給人歡喜、

①

給人希望、給人方便，時時以微笑親切的態度，來面對禮佛的遊客。

一日，星雲大師召集學院同學開示接心，關心同學們在佛學院的生活，有問題可以提問。這時我也鼓起很大的勇氣舉手問：「大師！為什麼我在大悲殿公務結束後，臉頰都好瘦？很不舒服！」

大師說：「你就是笑得不夠！」這句話當頭棒喝，心想：我已笑了一天，怎還笑得不夠？大師再解釋：「因平常都沒在笑，笑得不自然，天天笑，臉頰就不會瘦了啊！」

從此就出現了一個常常面帶微笑的滿方。

1

菩薩道上邊做邊學

人的一生在追求什麼？有的人追求高官祿位、光宗耀祖；有的人追求榮華富貴，以財富為追尋的目標；有的人奮發向上，希望升遷能讓生活過得更好；有的人對人生並沒有太多的要求，只求平平安安過一生；也有的人超然物外，一生奉獻生命，過著以無為有的生活。不管是追求哪一種生活方式，其實都取決於我們對生命的定義，以及面對人生的態度。在各種人生的追求當中，「抉擇」就像一把鑰匙，開啟著一道又一道前進的大門；亦如「方向盤」，決定著未來的去向。在父母親友的期待、朋友師長的建言、世間各種的價值觀，以及自己對生命的追求之下，我們選擇了自己的人生。一眨眼間時光流逝，回首來時路，我們做了對的選擇？又有多少人因抉擇錯誤而感嘆一生？怎麼樣的抉擇才是最合適？到底人生又要往什麼方向走，才不辜負此行？

人的一生不斷的在生命的過程中做抉擇，時而迷茫徘徊，時而果斷俐落。記得ＳＰＭ（馬來西亞教育文憑）成績揭曉，對於要上哪一所大學？要選讀什麼科系？眼前一片空白。後來以父親的建言為選擇，順利的完成了大學的課程。大學畢業，找了一份不錯的工作，我跟一般的上班族一樣，過著上下班的生活。然而，眼前的生活讓我不禁自問：這就是自己所要追求的？這是自己所選擇的生活方式？總覺得人出生在這世間，不是為了上下班而來的；也不是專門為了奉獻給一個人或一個家庭而來的。我重新思考生命存在的意義和價值，心中不自覺燃起了對真理的渴求，「眾生」二字不斷在心中生起。我想要追求的是一條出世的解脫道，亦是一條和芸芸眾生共同成就的菩提道。為了尋找這一切，我決然放下了一切，選擇了一條不被支持的真理之路

（叢林學院）。心中清楚明白今生有緣成為一家人生活在一起，只是一生一世的生命，然而生命在不斷輪迴流轉的過程，唯有佛法真理，才能生生世世受用，唯有真理明燈才是永恆的依靠。我選擇放下短暫的快樂，讓父母獲得生生世世的安樂，以此回報父母無盡的恩德。

叢林學院是法身慧命之家，引領我們進入佛法大海。在尋求真理的階段，師長們的引導有如茫茫大海中的一座燈塔，在黑暗中指引前進的方向；在浩瀚的法海裡，帶領著我們尋找佛陀的足跡。他們不求回報的奉獻生命，全心全意為我們付出，只希望我們將來都能以自己為明燈，只希望他日我們也能成為他人生命中的一座燈塔。踏入佛學院，第一位帶領我的啟蒙老師是現任東禪寺當家滿慧法師。滿慧老師是一位慈而嚴的老師，在帶領學生生活教育的過程中，更重視學生們的思想教育。他慈悲的引導我們學習，對於頑劣的陋習，更是毫不留情的嚴格調教。在老師嚴格的調教之下，學生幾乎都脫胎換骨。在學習過程中，我們也有著追尋共同目標的同參道友，彼此互相提攜勉勵。這份可貴的道情法愛是學佛路上的增上緣。對我而言，東禪佛教學院的精緻教學及叢林學院的大氣派，都是一處溫暖、有道氣、有歡樂、有磨練、有成長的寶地，淬鍊了一代又一代的佛子，讓這許多佛子找到了回家的道路，找到了真心本性。

我也漸漸的找到了回家的路、找到了我自己。原來自己本是佛門中人啊！延續累世因緣，我希望做過去世未做完的事、修過去世未修的行、度過去世未來得及度完的眾生、走過去世未來得及走完的菩薩大道。因此，踏入叢林學院三個月，我毫不猶豫選擇了出家。「出家乃大丈夫之事，非將相之所能為也！」記得還未出家時，我們在法堂跟師父接心。當時我問師父星雲大師：「大師，出家人是人天師範，我各方面都不具備，如何出家？」師父回了一句：「邊做邊學！」並且舉了許多當年邊做邊學的經歷，我當下豁然開朗。對呀！天下的父母都是從第一個小孩開始，慢慢學習當父母；老師也不是天生就是一流的老師。出家人在學習菩薩行，又怎麼能不邊做邊學？沒有天生的釋迦，沒有自然的彌陀，「邊做邊學」成了我菩薩道上的座右銘。

我們生生世世都在邊做邊學，生生世世都在面對生命的抉擇。如果生命是一場又一場的馬拉松，我們要在這一場馬拉松學習什麼？我們要如何做抉擇？是要選擇以菩薩道為跑道，一生又一世慢慢跑、慢慢的修，直到抵達佛道的終點；或是要選擇像世間大多數人一樣，生生世世重演著生老病死的劇本，在三界六道裡輪迴不息？一切都取決於我們對生命意義的定義。

1

沒有讀佛學院之「我在佛學院的日子」

乍看到此標題，大家可能會問：「妙益，你累了嗎？這是什麼禪宗公案啊！」但這確實最能為自己從進入佛光山門，一路以來學習的心路歷程，下一註解。

說起「我在佛學院的日子」，比起其他學長之「如數家珍」，心中生起的第一念便是：「慚愧！慚愧！妙益啊！你真是福德淺薄，怎就只有那麼一丁點福報，讀了僅僅一個月，就提早畢業呢？」

想到當初本來已準備赴美攻讀ＭＢＡ的我，經過多日輾轉反側，終於鼓起勇氣向父母表明心跡想上佛光山讀佛學院，而後在父親徐徐說道：「我活了大半輩子，深深覺得人一生『快樂』最重要，如果妳覺得這個決定會讓妳比較快樂，就讓妳去吧！爸媽會支持妳！不過，妳已經長大了，要為自己的決定負責。記住，後悔的事不要做，做了就不要後悔！」在父母的成就下，我從本來要搭飛機出國留學的軌道，順利轉向了上山讀佛學院的修行路。而報到當天，父母也在半夜起身，一路從台北開車南下，護送我上佛光山！

目送他們離山時，突然下起傾盆大雨，好久沒有下那麼大的雨了！我感謝這場大雨，因為四處噴濺的雨及雨聲，為我成串成行的淚水及哽咽的音聲做了最好的掩護。用力揮手與爸媽道別，直到車已被大雨及黑夜淹沒，我才轉過身，獨自走在來時路。雨下不停，我的淚水也流不停，實在是難解的情緒啊！到了佛學院門口，拚命把眼淚拭乾，因為從現在起，我要面對的便是自己選擇的人生！

進學院三個星期就出家，出家十天便受三壇大戒，圓滿後，在因緣際會下，又提早結業。雖然在佛學院僅短短約一個月時間，但現在想起，仍歷歷在目，印象深刻！從小養尊處優，幾乎沒洗過碗、煮過飯、掃過地的我，在分配學院輪組工作時，一直祈求諸佛菩薩，千萬讓我去那「呷好做輕巧」的組別啊！菩薩慈悲，天可憐見我這他人口中的「紈褲子弟」，什麼都不會，讓我去灑掃庭園，多麼愜意！但掃著掃著，驚見一坨狗大便，我的竹掃把在「黃金」四周掃過來揮過去，就是不敢越雷池半步。隨著檢查時間逼近，我愈發心神不寧，怕待會兒糾察來時，發現這坨黃金未處理，我就……此時，一學長見狀，也不拆我的底，只一派輕鬆的說道：「去找些沙土覆蓋上去，和一和就可以掃起來囉！」其時，邊耐心解說，邊為我示範的學長，在我心中就像是「巨人」，與我這個生活上的「侏儒」，恰成對比！而後的每一天，日日精彩！

進學院前大家都說我好命，我也一直享受這樣的好命而自鳴得意。可是，當這樣的好命到了佛門，可就不是這麼一回事，我這生活上的侏儒在佛學院完全現形。突然悟到《金剛經》所說：「如來所說法，皆不可取、不可說、非法、非非法。」是佛法的有時候不是佛法，不是佛法的有時候卻是佛法，法無定法。有時候好並不一定就是好，壞也並不一定好。以前自認的好命，讓我吃足了苦頭。

輪到典座時，因什麼都不會，只有被派去洗菜。心想：洗菜應該不難吧！為怕有農藥殘留，我拚命的將菜葉搓洗著……「哎！菜都要被你洗熟了！你也太省了，連瓦斯費都要省！」我的手尷尬的落在半空，洗菜不及格，馬上被降格去削水果。看著成堆的芒果，我問：「用什麼削？」「用水果刀啊！」「我不會用……」學長無奈的拿來削皮刀給我，「可是，好像沒人用這個削芒果耶！」「那你會用別的嗎？」「是不會啊！」「那就對啦！別無選擇！」而此類情事不時考驗著我！話說我那東凸西翹的棉被，在同寢室所有的「豆腐乾」中，總是鶴立雞群，也因此我們那一寮的內務評分，在萬黑叢中一點紅，也特別醒目。沒錯！我成了一鍋白粥中，那唯一的一粒老鼠屎。於是，左右的室友開始早五分鐘起床，為什麼呢？那當然是幫我摺棉被，免得我拖垮大家！去晒衣場收衣服時，發現衣服上沾黏著條狀的東西，我問旁邊的學長：「是不是有小鳥跑來這裡便溺啊？」學長說：「不會吧！」後來，他看了我的衣服後大驚失色：「你到底會不會洗衣服啊！肥皂絲都還在上面！」原來那一條一條的，竟是肥皂絲！我趕緊把學長嘴巴摀住，免得他繼續張揚。後來，趁四下無人時，把乾掉的肥皂絲摳掉，盥洗完還是換上了，因為在學院，學習過簡單的生活，就一套衣物，實在沒有多餘的可替換啊……。

也還記得，因其時山上有大活動，被分配去支援吃重的洗碗組時，成千上萬個碗，感覺怎麼洗都洗不完，而且是照三餐操練！洗到都ㄎㄧㄠ ㄍㄨ（駝背）了。洗到ㄎㄧㄠ ㄍㄨ也就罷，還遭到幫忙的老菩薩「指教」——說我洗不乾淨。別人過手的碗她都不檢查，卻偏偏拿著我洗過的碗，指著碗的背面說：「你看！屁股都沒沖乾淨！」這些，雖然讓我的心有點受傷，但也讓以往總自以為是的我，看到自己是多麼不足！所以，也警惕自己要更虛心受教！這一個月，讓我深入了解何謂「生活」？何謂感恩？何謂發心？何謂法喜？

雖然僅僅短暫的一個月，但古德有云「一朝風月，萬古長空」，只要當下用心、珍惜，就沒有時間的長短，沒有空間的遠近；剎那之中有永恆，一念之中有三千。能夠「一期一會」佛學院，我心滿意足！

而再細想，其實我一直在讀「佛學院」呀！記得提早從佛學院結業，要領職就任之時，師父雖然給予勉勵及祝福，但我心仍有小小掛礙，於是問師父上人：「師父，我沒有讀佛學院耶……！」師父微笑說道：「許多長老也沒有讀啊！我不也是沒上過學校讀書嗎？在『做中學』啊！」師父上人這一句「做中學」，一直奉為圭臬，而且受用無窮！

在佛光山這佛光普照三千界、法水長流五大洲的「佛學院」，有師父上人這麼好的「院長」；有佛寶山那麼具體的人間佛教藍圖，為我們演繹著佛陀的教法；有法寶山結集人間佛教、發揚人間佛教，讓

1

我們得以深入，而得如海智慧；有僧寶山那麼多值得請益學習的善知識及同參道友，入佛光山這「佛學院」的每一天，都在學習，而我也期勉自己像個海綿般，努力吸收「佛學院」處處充盈的養分。

感恩何其有幸在佛光山這個「佛學院」出家、學習，讓我千錘百鍊，從不知如何將「生米煮成熟飯」到可以獨自挑起典座大梁；從不知如何與信眾應對進退到有大眾性格；從驕縱任性到能將心比心、體會眾生所需；從依賴到獨立自主……這都歸功佛門成功的教育，讓我得以淬鍊成鋼。我非但沒有後悔來到佛光山，更想說的是：我這一生所做的最正確的決定，就是這一個！

時下流行花大筆的錢去上開發潛能之課程，而在佛光山這個有著「點石成金」不可思議威德力的「佛學院」，只要有心，潛能便可以無限開展！連我這樣的「生活白癡」都可以，大家更是可以！誠邀大家加入！

1

轉折

人生的轉捩點，在多倫多道場見到師父上人，他問我見他有什麼事情，我沒有任何準備，覺得不說話沒禮貌，就說一句「我想出家」，本想問出家的條件，但省了幾個字，也為了自己的承諾，成就了一生的因緣。

二〇〇四年秋天，做為遲報到的學生，懵懂進入了佛學院，第一天面臨的是：老師要我買一個洗衣服用的刷子。我的回應是：不買，因為我不用。結果，連續幾週，內務檢查因為臉盆少了刷子不及格，放香的日子要出坡。雖然心裡很生氣，但為了「自由」，我去買了一個舊刷子，還特別去告訴老師：那是為滿足他而買的。心裡很高興終於可以氣一下他了。現在想來，還好沒有因為一個刷子離開學院。

隨著日子過去，每天忙於五堂功課、上課、過堂、出坡、支援常住活動……有人說在佛光山的佛學院學不到什麼佛法，只會很忙，一直在勞動。

在佛學院的日子，真的體會到佛光山人間佛教的忙。放假的時候，學院還是繼續安排一些課程，同時所有留院學生會在常住暫時領一份職，支援常住活動。

雖然上課有很多聽不懂，更常常打瞌睡。與世間其他學校不同的是，這裡不會因為聽不懂、上課打瞌睡而被開除，由於忙，也沒有時間去分辨太多，更沒有時間煩惱，身心一天比一天輕安。慢慢的也開始理解學院諸多的規矩，其實是為了讓我們去除不良習氣，放下心中我執，累積日後荷擔如來家業的能量。

佛學院還有一點特別的，是這裡沒有留級生。由於是插班生，入學第二週就遇上考試，班導覺了法師安慰我：去體會一下考試，第二年讓我重讀一年級，於是我放心大膽赴考。記得「印度佛教史」一門，完全憑看過《釋迦牟尼佛傳》作答，有些幾乎是自己想像的；而名相一門，就更不用提，沒想到竟有七十多分，老師說：「善根可以加分的。」就這樣，雖然一直跟老師要求留級，但終究沒有如願。

在班上，做為一名「落後」分子，老師學長都特別照顧。沒有道場生活體驗的我，五堂功課是另一弱項，考〈爐香讚〉，學長們陪練，全班同學躲在背後放聲的小聲唱，還打拍子，永嚴老師閉上雙眼監考……。

大家的愛護、包容，讓我這個沒有接觸過佛門的種子，慢慢安住、扎根、成長，慢慢薰染出戒定真香。

佛光山叢林學院，既是溫室，又是戰場。一個佛門的搖籃，培育一批批的佛門龍象，為光大如來家業奮鬥。

1

叢林新生

微傾的坡道，清麗的綠枝條，載滿夏蟬唧唧。踏著昏黃瀉了一地的涼意，背著簡單的行李和短期出家的悸動走入叢林。

入學隔日，恰值院區消毒，是以暫遷三好樓借宿。午間點心琳瑯滿目，又有足以安眠的空調緩解暑燥，如是慣養二日，令初出溫室的道心念念貪著安逸。徒眾講習期間，長老師兄的叮嚀，字字句句在童稚的道心中，激盪出許多細小的火花——「要做師父最不擔心的弟子」、「不捨一位眾生」——然而每每回到學院，總提不起勁力，經不起躬身實踐的艱苦，只能望著前人的道行興嘆。坡道依然微傾，卻爬得氣喘如牛；枝條依然碧綠，卻看得心煩惱熱。走進叢林，怎料，未見寧靜。

數月之後，漸漸習慣躁動的如影隨形，或許是南台灣已緩緩邁向秋節的腳步，涼風悄悄。雖然如此，出坡作務仍然揮汗如雨。低身刷洗石階上的青苔，希望能順道刷去累世的習氣煩惱，但總耐不住腿子痠麻，像吞了麻辣燙，坐立難安。常常是院長的慈愛及老師的呵護，「修行是急不得的，要慢慢來」，猶如清湯下肚，消解了煩亂和不安。

中秋晚會合唱學長創作的曲子〈珍惜〉，第一次感受到身旁的同學是久遠前已識的故友，好親近、好熟悉。正要陶醉其中時，五十年如一日的鐘鼓聲催促著我們開大靜，再圓再美的月，終究只能化作一句經文：「過去心不可得，現在心不可得，未來心不可得。」

進禪堂打七，要打掉這貪愛攀緣的末那七識。禪坐七日緩慢悠長，終於能端起白飯，細細咀嚼，無須佐以菜根香，自有一番雅韻。然而，一出堂，筋骨卻散了滿地，早晚課誦懶洋洋的不知所誦為何，課堂上頻頻出竅，打掃時拿著掃把在空中敷衍兩下，遇學長指正還答以千百個理由。關節疼痛之甚，連一步也不想走，不想再走了！終日思歸，亟欲大死一番，醉臥被窩的溫軟。睜大雙眼，懈怠、逃避、不受教的惡習歷歷。古德打七，未得證果，誓不出堂，我雖未開悟，但從枯腸中翻攪出無始劫的餿味，又酸又臭。仲秋抖落千樹玉寒，輕抑著雜陳五味，悶悶騷動。

深秋晨雨前，久陰凝結厚重的溼氣，混著六十坡的青草味，忽然一雨破天青，撼脫身上的枷鎖。中午抱著《25°C的天空》回寮，把課業拋諸九霄雲外，安臥沁涼的木板床，神遊在雲南古國的佛教聖地。回到現實，窗外是椴樹的雍容姿態，寮房的空氣特別寧靜。來山多時，難得午後放下萬緣小歇片刻，好不容易在呼吸上找回生命的律動。在一吐一納間，驀然驚覺，甫過二月，入秋已深，課程將盡，歲月，稍縱即逝。

臨寒假前，學務處請在家眾同學填寫「寒假離院登記」。聽學長說，要把握在山上過年的因緣，於是提起筆，我大膽寫下「回家三日」。除夕之夜，雲居樓齋堂布置成溫馨的家庭聚會，數百人圍著一桌桌呼呼冒煙的小火鍋，一同迎接新春到來。

春鳥鳴山間，此起彼落，圓門前設了開學報到處，留院的同學迫不及待抱著寒假作業來排隊，有學長替大家檢查作業、儀容及身高體重。輪到我站上磅秤，學長笑著說：「妳胖了兩公斤，過年吃很多東西吧！」春風輕輕溜過，麻雀在樹梢竊喜，九重葛羞紅了雙臉。

坡道依然微傾，小葉欖仁添了許多新芽，羊蹄甲嫵媚含笑，笑得紅磚地上點點白花，教室中也不時傳出笑聲，如春雷轟轟作響。這一班在上《大乘百法明門論》，隔壁在教「方案設計」，再過去則是外籍生在學「ㄅㄆㄇㄈ」，還有對面三間教室的同學分別在聽「莊子」、「法務行政」及「佛學英文」，法音迴盪在成佛之道兩旁的松柏間。

踏往雲居樓的路上，小松鼠穿越排班的隊伍，絲毫不怕生，我和同學仍挺直身軀，雙手放掌，腳踏實地向前走。經過菩提路，遊客向我們合掌，我不敢四處張望，但從餘光中看見一位小朋友虔誠的鞠躬問訊，提醒我念佛、念法、念僧。於是，每一步腳掌觸及大地，心中都默念：「南無施無畏菩薩，願大地眾生皆得清涼、自在、解脫。」突然大地震動，空中灑落鳳凰木的羽葉，是護法龍天在為我們祝福。

春去秋至，暑往寒來，叢林的草木依著四時變化，茁壯。此後兩年，我隨著常住各種活動參與不同單位的工作，走訪許多別分院，也兩度被送往江蘇宜興佛光祖庭大覺寺，後來還遠到法國佛光山法華禪寺短期參學。漸漸的，我感受到，叢林的一景一物都是菩薩道種智的化現。

暑假抱著滿滿的結緣品下山，潤紅的菩提樹成排，目送我們歸去。坐在車上，窗外的黃牆朱瓦和鳳梨田，一幕接著一幕向後奔馳。師父上人拚了命帶著大眾往前衝的背影，那種「不忍眾生苦，不忍聖教衰」的胸襟，長老師兄集體創作的無我精神，還有師長的慈悲叮嚀，不由自主的一一浮現。這許多的積累，要我如何言語？

三日之後，我又回到學院。萬里無雲，寶橋底下碧潭映著長天，大悲殿的觀音媽媽五十年來都掛著相同莊嚴的微笑，學院的同學也各自展現獨特的姿態，草木的榮枯原來一樣美麗，只因過去站得還不夠高，所以沒有看見。

微傾的坡道，清麗的綠枝條，載滿夏蟬唧唧。殿堂的課誦伴著輕快的木魚聲：「舍利弗！眾生聞者，應當發願，願生彼國。所以者何？得與如是諸上善人俱會一處。舍利弗！不可以少善根福德因緣得生彼國……。」

1

佛學院教育從基礎的生活教育開始，
從吃飯睡覺裡，醞釀出我人生的希望。
我看見了我未來的方向，發現原來我最快樂的時候就是奉獻自己，
所以我選擇服務大眾為我此生的目的。
原來古德所說的助人為快樂之本是這麼一回事。
服務當中看似他人受益，其實受益最多的是我，
因為從服務當中，我學會觀察。
在學院我學著當自己的心將軍，揮動佛法的旗子與煩惱魔軍抗戰。
我得時時觀察心的動靜，不讓他侵蝕我的法身慧命。

叢林四十八單

最近佛光山網站每天最熱門的新聞不外是「百年佛指舍利巡境，五百戒子行腳托鉢」的新聞了。雖然無法回台共襄盛舉，但每日在沙巴關心「進度」，想像自己身歷其境的殊勝，不覺法喜不已。不禁想起七十八年有幸參與的全省行腳托鉢活動，當時雖沒有佛指舍利一同巡境，但盛況不輸今日，突然想起生命中的許多「第一次」皆是佛學院所成就的。屈指一算離開學院已二十個年頭，但當時的影像歷歷在目，恍若昨日。

生命從誕生開始，就不斷學習與成長。透過學習和調適，精神力增強，心智也愈來愈發達，佛學院的生活又是生命的另一段學習旅程。

佛學院的生活是緊湊而又規律的，除要學習佛學也要輪組學習叢林四十八單，所以造就了自己許多「第一次」的經歷，歷程雖然有點艱難，但透過不斷的學習和歷練，讓我能把握正確的人生方向，不致迷失自我，進而實現生命的意義，也為自己留下珍貴的紀錄，也養成自己許多良好的性格。

第一次離開家裡在外長宿，沒有鬧鐘提醒，聽聞板聲起床，因為緊張害怕，每天第一聲板聲即起床，養成自己不賴床的習慣外加聽力敏銳；十六人共住一寮，也讓自己心中要有大眾，動作要迅速輕捷以免擾眾；二六時中穿同一套制服，第一次不用為穿衣煩惱，真好！也讓自己學會簡樸生活。

第一次過堂，面對眼前的飯菜有點傻眼，因為超多的，但是離家入學的第一個晚上，也不清楚規矩，傻傻的依樣畫葫蘆跟著身旁的人動作，結果大家都離席了自己還在對著飯菜孤軍奮鬥，連行堂人員都已全部收拾完畢，我還對著飯菜苦惱不已，後來老師陪我一口一口慢慢的「解決」。當時是心不甘情不願的，後來才明白老師的用心與教導，原來在佛門吃飯都是一門學問。「食」一事看似簡單，但於一碗飯、一鉢菜、一瓢湯中，卻是寓義深遠。現在進入齋堂進食，懂得要心存正念，默念佛號、不貪不著，將飯菜用完不隨意浪費，也懂得食存五觀不挑食。

雖然在家很少進廚房，更遑論是下廚煮羹湯，但洗菜、切菜可也難不到我啊！因為每年新年可是在佛堂廚房度過的呀，哪知第一次進大寮典座，煮三百人的菜，雖不是主廚（因為有組長帶領又有技藝超強的學長），但只是切洗菜就忙得手忙腳亂，雖不講究刀工，但菜要每一段均分大小，這真是考驗功夫。但能以飲食供養大眾是多麼殊勝的功德，況且又能磨練身心，自我養成，又能培福修慧；所以不再害怕油煙味進廚房，養成以一顆歡喜、感恩的心下廚，以最致誠的心供養大眾。

行堂時，三餐要在規定時間以前，將所有的菜飯、水果等準備就緒。在大眾用齋時，將大寮精心準備的齋食，迅速且適時的置於齋堂供眾，從跑菜、添加湯飯與水果，到齋後的收拾與清潔工作，時時都要眼明手快、臨機應變，以令大眾都能食用到熱騰騰的齋菜，所以每一次行堂都像是跑完一場「馬拉松」賽事。第一次行堂完畢，手痠痛不已，因為從未提過如此重的湯桶，但想到行堂的一舉一動，無不是出自細心的觀照，與捨己為眾的護念，在服務大眾用齋中，法喜祝願大眾「所作皆辦，具諸佛法」，又能廣結善緣，真是歡喜而為之。

在寺院中，掌管佛堂焚香、燃燈者，稱為「香燈」，香燈的工作非常瑣碎，例如：擦佛桌、上香、上供水、排拜墊、準備經本等。舉凡殿堂內的工作皆要處理，並且要負責打板叫醒大眾。禪堂內的維那師是「大眾慧命，在汝一人，汝若不顧，罪歸汝身」，香燈也是一樣，必須在有限的時間內做好一切事情，才不會耽誤大眾的法身慧命。第一次當香燈打板讓我整夜輾轉反側，深怕睡過頭誤時打板，睡眠不足又要上課，整天都覺得疲憊不堪，但想到大眾聽聞你的板聲揭開一天生活的序幕，清脆的板聲響起，時時提醒你精進辦道，當下的疲憊皆顯得微不足道。打板看似一項執務，事雖小，卻是一個團體綱紀的維護。

佛光山開山宗長星雲大師有法語：「投入才能深入，付出才會傑出，平凡才能不凡，磨練才能熟練。」生命的過程對於每一個人來說都是不一樣的，在這個過程中，人們各自生活的環境不同，風俗習慣不同，所追求的目的也就不同。人生的路上，酸甜苦辣時而有之，但不論是何人，在人生的這條道路上都會年復一年、日復一日的走著，又無時無刻不面對諸多問題與困擾，「人生沒有彩排，每一天都是現場直播」。你可以選擇自己的生活方式，但你也可以改變你的生活方式，讓你的生命活得更精彩，佛學院必是你最好的選擇，因為：佛門的一天，是清淨的一天，在這裡，你可以靜下心來，感悟真實的生活，

1

體悟真實的人生，尋回真實的自我。

A Brand New Me

叢林學院在外人看來是個神聖加神祕的地方，就像現代版的半閉關修行，院長老師們就是護關者，學生除了深入經藏，遨遊佛法大海，每日用餐素齋談禪，還有機會適時勞作服務與萬人結緣，修福增慧。進入學院這麼好康的事情，現代修行人偷笑都來不及。

能夠排除外緣，到叢林學院報到展開 a brand new me，是無可挑剔的幸福。可是，頂著不同的腦袋瓜、不同的環境背景、不同的國籍，在叢林學院學習培養與佛菩薩氣質相應，學習活出瀟脫人生的同時，背後是醞釀了一股準備脫胎換骨的勇氣。簡單的生活環境如同照妖鏡，每一個小小心思頓時成了大主角，每個人都不得不正視自己的起心動念，與自己的心理對話、挑戰及革命。一次一次的棄離醜陋的習性，貪、瞋、癡、慢、疑等。

無處不現身的習性，有些頑固如白衣上的汙跡，討人厭又礙眼。每日清晨五點半，鐘板劃破寂靜的同時，我血液裡貪睡的小惡魔同時甦醒，在腦海裡喋喋不休的說：人生何必勉強自己，休息是為了走更長遠的路，回到甜美的夢鄉吧！很有義氣的同寮戰友往往肩負斬魔除妖的大任。把我狠狠搖醒，讓小惡魔逃之夭夭後，大家以戰鬥機速度梳洗，把豆腐渣棉被變成豆腐乾，再風姿綽約的出現在殿堂裡，時間緊湊、驚險萬分。同寮戰友不棄不離的道情法愛讓我至今仍感動不已，深深體悟平日結緣的重要及團體共修的力量。

更可怕的習性如同隱形的空氣，讓人呼吸得如此自然。我的胃口大小隨著每日菜色改變，可以在短短過堂時間吃兩顆大饅頭加厚厚的果醬，三碗難遭難遇的麵食，看到水果馬鈴薯沙拉、番茄蜜豆包、麻婆豆腐、咖哩、滷味等就會自動把盤子推到桌子邊緣加菜。看到白稀飯及紅鳳菜卻自然變成貓咪胃。挑食及貪婪得如此自然，自己發現自己祕密時都大吃一驚，默默發願戰勝食魔。

當然，革命的點，每個人不盡相同，不像現代青年把祕密藏在網路裡，學院六十坡是個很好聊心事的地方，在那裡可以分享很多很多同學的小祕密。這些點點滴滴，或許讓人莞爾一笑，可是卻是學佛青年心口淌血的歷程，朝成佛之道的一腳一印，多少年後夜裡回想還是令人蕩氣迴腸。同修道友們的戰鬥史，構成我們在佛學院生活許多美好的回憶。

譬如，高挑的欣欣，最怕上梵唄課。雖然梵音悅耳，奈何欣欣從小到大金口難開。學法器，從學期初蓋鍋蓋到期末，讓她不得不向鉛子舉白旗。在一邊感同身受的亮亮不住點頭，對大多數人來說，梵唄聽了能沉靜心靈，可是短短沒多少字的〈爐香讚〉，要唱至少五分鐘，就足以讓亮亮與周公幾番相會。

看來樣樣都好的小米頂著小兒科醫師頭銜進入學院，卻遇到了掃樹葉的煩惱。提著很大的竹掃把，跟著學長學習用最短的時間把落葉掃完，方法不對，細嫩的手就很容易磨出水泡。除了掃樹葉，還有洗淨房、洗飯筷、拖地等基本輪值。每天的出坡作務，頓時成了醫師的大考題。

小巧可愛的玲玲，注定繼承家裡大企業，可是學了佛法才知道什麼是富足的人生。想要捨棄萬貫家財，是否會得到父母的諒解及同意呢？而從小在佛化家庭長大的安安，很慶幸爸爸是一位虔誠佛教徒，在父親大力支持之下進學院就讀。最近想要出家，嬤嬤卻大力反抗，引發家庭戰爭。

摩登美女儀婷，在學院快樂拋開假睫毛、高跟鞋、隱形眼鏡、胭脂口紅的束縛，高呼：「羅漢鞋萬歲！」學長替她剪個「學院頭」輕鬆回家後，男朋友卻看不慣她的本來面目，覺得彼此距離愈來愈遠。

全世界都知道，很有道氣的明安為了跟隨星雲大師出家而進入學院，奈何明安遲遲裹足不前，讓大家摸不著頭腦。很酷的她原來擔心自己的學歷只有高中畢業，以後弘法布教時無法說服大眾。

當然，學院也有憑個人直覺進來的有緣人，尋找生命的加油站。來自法國的美麗混血兒替自己取個中文名字叫美玲，歡歡喜喜的徜徉在中華佛教文化，早晚課禮拜比任何人還認真，畢業了還依依不捨的覺得：「我以前可能也是個中國的出家人喔！」

學院男眾學部有小朋友最愛的巧克力法師。南非來的法師們威儀十足，穿著中式海青長衫走到哪裡都被人圍繞照相，備受矚目。法、英、中文樣樣都行，是佛光普照三千界，佛法長流五大洲的最佳寫照。叢林學院裡，十方兄弟一家親。

「人的生命，在時光幻術中消匿，兒童蹦出一個羞澀的少年；慘綠的少年緊接著又跑出一個陌生的中年；飽經憂患的中年人，一會兒，怎麼又跳出一個白天打盹，晚上淺眠的老人。」從進學院到畢業的這短短幾年，小米悉發菩提心，到第三國家當無國界醫生。美玲回到法國，安安領職護持佛光事業。而欣欣、亮亮、玲玲、儀婷，我們一同發願將此身心奉塵剎，是則名為報佛恩，加入巧克力法師們的陣容，馬不停蹄的為如來家業奉獻小小的自己。

我想，生命悠悠匆匆，蘊含珍貴佛性，大家何嘗不像流浪的小王子，在一趟一趟的生命輪轉中尋找自己的本來面目。來自十方的有緣人，相聚在佛光山，為發現人性光輝而努力，為尋找心靈的寶藏而奉獻。

高雄熱情的豔陽歡迎尋夢的人啊！願我們在這裡實現夢想，成就平實卻不凡的一生。而你，準備好了嗎？

哪裡跌倒 哪裡爬起

不知不覺佛學院畢業已經三年了，回想起當初高中時，年少的我並不知道誰是釋迦牟尼佛，更不知何謂佛法。只是看到姑姑參加禪修後的喜悅，我感到非常好奇於是報名了十日禪修課程。在禪修中我認識佛陀，原來佛教是很科學化，並不是只有拜拜的儀式，而且佛法可以讓我們了解因緣果報，人為何痛苦而輪迴。

因此，我決定到道場服務，在一次帶領兒童營隊中我體驗到為大眾付出的快樂，這種快樂發自內心，是無條件的，並不是我擁有一棟房子或一部新汽車的快樂，於是我慎重的思考我的生命價值及人生方向。ＳＴＰＭ（馬來西亞高等教育文憑）畢業，我並沒有選擇國立大學而決定就讀佛學院，探討佛法，體會佛法，開啟心靈的寶藏。

起初，家人反對我學佛，甚至不讓我到佛學院求學，身為基督教徒的哥哥更是極力反對，但家人的考驗，讓我對求道的心更加堅持與肯定。果然皇天不負有心人，有一位牧師竟然開導我哥說：「你妹在東禪佛學院求學，你應該放心，因為東禪佛學院創辦人是星雲大師，大師為社會做了許多慈善活動，及推動許多的淨化人心的文教活動，造福社會。」於是家人找了許多關於佛光山及開山宗長星雲大師的資料，經過一番了解，知道佛光山是個正信佛教的道場，而身為基督教徒的哥哥雖不甚了解佛教，但心中非常佩服星雲大師的心胸及其為社會的貢獻，而說服父母親讓我到佛學院讀書。因此，靠著星雲大師及常住佛光山在社會正派的名氣及貢獻，而讓我順利進到佛學院。

在東禪佛學院報到的第一天，當我和同學們排班到大殿銷假時，抵達莊嚴的大殿，有一股莫名的感覺湧上心頭，淚水開始在眼眶裡打滾。五體投地禮佛的那一刻，我有種「終於回家」的感動！我真的回到佛門了！淚水再也不聽使喚的流出來。

來到佛學院，才知道佛法並不是只有了解八正道、四聖諦及三法印等名相，也不是在誦經、禮佛中體會的，而是在生活上實踐的。尤其是剛報到時，要接受一連串的佛門威儀訓練，從最基本的排班走路，搭海青、摺海青，禮佛誦經時須跪、坐等的正確姿態。改變習慣本來就不易，於是在學習過程有些辛苦，老師要我們穿著海青不斷重複又跪又坐又站又拜的動作。當時雙腿感覺好累、好痠也好痛，可是想到報讀佛學院前，曾遭到家人的反對與不認同，讓我更覺得能進入佛學院的因緣得來不易。師父也曾經說過：「所謂生活的佛教，就是說話、走路、吃飯，不論做任何事，都應該合乎佛陀律儀的教化，例如：佛法中的發心，可以運用於我們的生活中。佛法不是畫餅充飢、說食數寶，應該身體力行，徹底去實踐，進而擴充運用於家庭、學校、社會，不可以把生活與佛法分開。」身體的累又算什麼呢？於是忍著痛苦繼續練習。

因佛學院的教育是解行並重，在佛學院學習除了經典義理的宣講，還有眾多活動、出坡作務，讓我們有機會及管道參與，佛法才能真正落實在生活中。例如，在佛學院曾經承辦許多活動，每個計畫趕不上變化、變化趕不上一通電話，每次活動在開始前一秒都會有變化，剛開始我不習慣。後來想到佛陀說的無常，頓時開悟，這就是我體悟無常的時候，如果活動的變化無常自己沒辦法接受，那我怎麼能夠接受親人朋友離開世間的無常，自己身體變化的無常？透過活動訓練自己對無常的接受，這讓我覺得佛法並不是遙不可及的，而是在我的生活中，任何的一草一物皆是佛法，只是看自己是否有智慧體悟到佛法。

在佛學院日子讓我印象最深刻的是在二年級，被老師開牌當司水司鐘公務生。起初，我認為這些是非常簡單的動作，可是當我執行的時候卻發現並不簡單。我的工作是時時刻刻都要保持正念及警覺司鐘。每次上課都要保持正念，如果太過於投入或沒有活在當下，就忘記時間流逝而誤時敲鐘。因此我不喜歡司鐘，因為我總是要不斷看手錶，而且老師講得精彩時，我卻要到外面司鐘。

記得有一次，我被開牌支援行堂，眼看時間快到預備鐘了，於是我匆忙趕回學院司鐘，由於心急浮躁而讓我敲出四陣不同的鐘聲，裡面包含上課、下課、預備、集合等鐘，我自己也不知道在敲什麼鐘，只聽到老師從辦公室衝出來喊著：「釋有善，你到底在敲什麼？」頓時，走在走廊中的學長都消失得無影無蹤，走廊只剩下我與老師，我嚇得眼淚在眼眶打滾。老師把我拉到辦公室說：你的鐘敲不好，我要把你換掉。另一位老師就幫我向老師求情，並問我接下來要敲上課鐘，你有把握敲好嗎？當時，我被嚇呆了！可是我心裡很清楚如果我現在不出去敲鐘，司鐘將會變成我的恐懼，於是我鼓起勇氣向老師說我可以，因為從哪裡跌倒就要從哪裡爬起。從此以後，每次司鐘，我都會發願我的鐘聲不只是敲給佛學院學生聽，我的鐘聲是要讓佛學院內外的師兄及所有看得到、看不到的眾生，都能夠聞到鐘聲精進修道不放逸。透過鐘聲，感恩學長提醒，讓我覺察自己的心念，心情高昂，鐘聲會比較刺耳；心情低落，鐘聲會比較沉，修行人的心念應該要保持在中道。

此外，我每次整理小白屋時，回收物品總是亂七八糟。我就想普賢十大願中的隨喜功德，為什麼別人的物品回收都不能隨喜功德放回該放的地方而總要亂丟呢？每天整理小白屋都心不甘情不願。有一天機緣巧遇下，聽到師父說：「人的生活於一個『轉』字，要能轉大為小、轉苦為樂、轉迷為悟、轉邪為正；修行的祕訣，就是要能轉一切不好的境界為善美的境界。勇於接受，善於轉化，將煩惱轉成力量，這也是人間佛教的修行重點。」佛法是用來要求自己，並不是要求別人，如果每個人都隨喜功德，那我這個公務生可就失業，我應該感謝大家給我結緣的機會。心念一轉，每天我把小白屋當成是我的辦公室，我都會把辦公室打掃得乾乾淨淨，讓路過小白屋的師兄們起歡喜心。

雖然這只是小小的轉念，凡事從小事練習做起，將來遇到重大困難，心中才有力量轉識成智。

我非常感謝老師的開牌，卻也因這份公務讓我在佛學院時常被表堂，老師的要求讓我學習到更多，從中也體悟到佛法，心中要常有常住、大眾，因為現在的我都是常住、大眾成就我的。星雲大師常說：「佛法是用悟的、用體驗的，沒有體驗的悟境，在學佛道上易退失信心。時時把忍耐、慈悲、守法、發心等佛法應用在日常生活，必會有所體驗。」我時時將師父上人的這句話銘記於心。在佛學院乃至出來服務，我時常告訴自己要發心作務，因佛法是在作務中體會的。在課堂上所學的佛法，要運用在生活中，才是自己的。不然佛法也只是普通的佛學知識而已。

回想起學佛的初心、在佛學院的日子與教育，讓我遇見未知的自己、讓我在弘法的道路上更有力量。選擇讀佛學院是我人生中最大的轉捩點，每天早上睜開眼睛，我知道自己不是因為經濟、車貸、房貸而活，而是為追求心靈快樂、生命價值而活。

生命的泉源

三十年來，我的心始終沒有離開佛學院，它是我生命的泉源。

一九八五年在馬來西亞認識了佛光山，為了讓自己懂得更多的佛法，立志要去念佛學院。遂於一九八七年前往台灣佛光山插班研讀，三年的叢林學院生活，不僅在佛教教理上廣泛學習，更培養了我良好的生活態度。

良好生活態度的訓練是很重要的。一名弘法者要是連走路、吃飯都不會，沒有四威儀，如何度眾？師父曾叮嚀：「要從訓練中培養一份自然。」他老人家在佛學院親自教導我們走路，膀子不動、跨大步、不發出聲音、不左顧右盼，因此我們才能被訓練得走路走得莊嚴，吃飯吃出道氣。此外，行動俐落，言行舉止有禪味，這是大叢林裡培養出來的氣質。

佛學院是一個培養佛教人才的地方，共住者必須配合制度規約，團體才能壯大。獨木難支，有大眾才有力量，有要求才有進步。學院採學長制，學弟對學長的尊重與服從，今日看來是權威了些，我們卻因此懂得倫理、學會接受、能被要求。直心是道場，直心也是戰場；有被要求過的直心是道場，沒有被要求或整理過的直心則是戰場。

叢林生活力求簡單、使用空間要節制；桌上不放東西，離開時桌面、抽屜收乾淨；寮房物品要減到最少，身上衣物亦然，不多一條圍巾或一頂帽子，衣服鞋襪要穿著整齊，長衫不離身，即使出坡也只是加件圍兜。我們如實執行這些生活細節，久而久之，做事有效率而不紊亂。專修部兩年的生活養成，奠定了爾後的修道基礎。

因為熱愛學習，在學院的第三年，我們幾個同學同時考進國際學部，每週上課四十個小時，每月考試，內容包括巴利文、梵文、印度佛教史、南傳佛教典籍、中觀、唯識、布教法等，同學們程度很好、也很用功，每天讀書讀到晚上十一點還捨不得養息，還特地到唯一有燈光的盥洗間，收聽預錄的空中英文教室進階版。這一年非常認真苦讀，扎實下工夫，讀到睡著了還要讀，過程中不僅塑造了堅毅的精神，也為日後海外弘法儲備豐厚的資糧。

一九八八年，我們那一屆同學有幸前往西來寺受三壇大戒，當時恭逢世界佛教徒友誼會第十六屆盛會，是大會第一次在西方國家舉行。師父上人慈悲，讓我們新戒都有因緣承擔任務，還記得我負責接待組，滿可法師擔任接機組，滿謙法師則是司儀組。隔年元月，第一屆的佛光山國際禪學會議也由我們這一屆的同學共同參與。

佛學院畢業後，接到常住派令前往澳洲。時至今日，將近三十年的澳紐弘法經歷，可謂是風雨兼程。如今回憶起來，每當弘法遇到困難時，總會讓自己的心回到佛學院，從那裡尋找解決困難的力量，更會思考師父是如何處理這些課題？

比方說，受聘為紐西蘭皇家警察學院二六一營隊的終身心靈輔導師後，二〇一一年九月二十九日應邀參加皇家警察學院為澳紐及南太平洋地區殉職警官舉辦的追思活動。一上台，放眼台下六百餘位身材高大、英氣逼人的警察，大眾的威德及嚴肅的現場，再想到接受悼念的百餘名為國殉難的警察，內心不由得戒慎、沉重起來。我告訴自己要「為教爭光」！以此心念上台，不疾不徐、語調分明的把師父法語轉述給在場大眾，這分力量是來自佛學院的深厚養成，讓我在關鍵時刻派上用場。

二〇〇九年四月，紐西蘭總理 Hon John Key、反對黨黨魁 Phil Goff 雙雙親臨紐西蘭佛光山的佛誕節法會現場，當時吸引紐西蘭各大媒體爭相採訪，兩位全國最重要的政治家同時來到道場固然可喜，然而該如何接待？該如何安置維安人員？於是想到師父如何接待國家領袖，頓時充滿信心，自然明白如何應對。有一位偉大的師父可以學習，弟

①

子何其有幸！

在這些磨練裡，我深刻體會這種不斷的做、一直做、什麼都要做的弘法生活態度中，不僅昇華了個人的思想程度，更提高了自己生命的價值，讓我明白蘊藏在生活中的各種因緣，理解法遍一切處的微妙及不可思議。偶爾疲累時，稍微整理，想到師父說的「不忘初心」，就會提起向前走的力量。

三十年來，這顆心一如既往沒有動搖，隨然遠在大洋洲，我的心始終未曾離開佛學院，它是我生命的泉源。

1

六十坡

一步一華嚴

圓門經過成佛之道，往上行走有四十階梯，名為四十坡，意為「四十華嚴」。往下走去有六十坡，表示「六十華嚴」。

佛光山有五座山頭，佛學院為其一。山坡過陡，星雲大師即以坡台作緩坡，是水土保持維護邊坡，也提供大眾上山得以有平台休息。

「東方佛教學院」之命名，為大師期許自東方出發並融合西學，適應時代所需，讓世界佛教人士踴躍前來參學。

佛光山栽培了我

自擔任佛陀紀念館館長以來，因職責所在，經常代表佛光山與各界有所互動，以及負責許多大小活動，在大眾的護持下，共同成就佛光山許多重要任務。些許是有了這些表現，現在常有信眾訪客，乃至師長們，都經常給予我許多讚譽，但面對這些過譽自己實感慚愧。

星雲大師在《往事百語》裡面有一篇〈破銅爛鐵也能成鋼〉，大師藉由這篇文章闡述他對人才的栽培與鍛鍊之法。在佛光山的僧團裡，論讀書、口才、學識，我自覺資質平庸實在談不上優秀，但對大師是如何看到一個人的潛能？如何教育弟子、成就弟子？在追隨大師近三十年的歲月中，自己則有一番深刻體證。

一九九九年，在完成《佛光教科書》編輯工作後，大師有天突然指示我說：「你有美術的天分，應該再去讀研究所。」，惶恐之餘我趕緊回說：「師父，我來跟您出家，就是想要跟您學習佛法，並不是想要再去社會讀書。」大師當時講了一段話，令我印象深刻。大師說：「你不要學歷，但信徒要看學歷，所以你還是再去讀研究所。」聽到這話自知師命難違，便向大師說：「我不見得能夠考得上，這是跨領域的學習。」師父不理就要我去找文化政策以及博物館這個領域的學科做準備。

過沒多久，有天大師把我帶在身邊，從口袋抓了一把錢放在我手上：「你現在只剩下半年就要考試了，這些錢拿去買考試要讀的書。」我說：「師父，我如果考不上怎麼辦呢？會很對不起您，這個錢也還不了您。」為了安撫我，這時大師便說：「你也不要太有壓力，你去考試，只有你知我知，如果沒考上，也沒有人知道，如果考上了，再跟大家宣布就好。」霎時我如釋重負，因為沒人知道我要考試！

真是福報，一放榜，我以第六名考上研究所。大師很是歡喜，卻慎重的說明他的用意：「我不是叫你去讀書的，我是叫你去認識老師跟同學；研究所裡面有很多在職進修的社會人士，你必須有一些社會的朋友，以及要有老師的專業資源，未來你才能夠弘法。」聽了大師一番話，懵懵懂懂的我心裡還琢磨著，師父想得這麼遠，我的老師跟同學真有這麼了不起嗎？

在完成研究所學業後，奉大師之命開始負責佛光緣美術館、同時擔任《世界佛教美術圖說大辭典》主編，乃至最後擔任佛陀紀念館館長。在十餘年以文化弘揚佛法的過程中，許多來自藝文界的協助，因緣竟都是來自讀研究所結下。如曾任台北市立美術館館長的黃光男、前歷史博物館館長張譽騰，乃至在馬英九總統任內擔任文化部部長的洪孟啟、林谷芳等等，這些人都是我的老師，乃至我的幾位同學在文藝界也都是赫赫有名。

擔任佛陀紀念館館長期間，幾位老師同學都很樂意給予協助，讓佛館很順利的跟所有的博物館、文化界有了互動與交流。而這些均來自二十幾年前大師的遠見。

相信在佛光山僧團裡，很多人跟我有相同的感受。我很感謝大師願意這樣栽培弟子，事實上我們並不具備很好的資質，但是大師從來都不嫌棄弟子。實際上，大師這句〈破銅爛鐵也能成鋼〉不僅是教育，更是佛法的體證。因此若說自己出家以來對佛光山對佛教還有一點奉獻，實則是佛光山與星雲大師栽培了我！

1

一百零八部《金剛經》的力量

從動念的那一天開始，便不停的誦念《金剛經》，希望能每日連續誦完一百零八部。

記得當年在佛學院的我，腦海中總是一直纏繞著一個問題，那就是：到底該不該出家？

猶記得那時候是個落葉紛飛的秋天，每天掉了滿地的桃花心木落葉，都要我們出坡好幾個小時才能把它掃好。一陣秋風到來，又把樹上的葉子吹到了草皮上，把地面都鋪得滿滿的。如果懷有一些詩情禪意的話，還會把它想像成電影中的唯美畫面。但地上的樹葉，今天掃不完，明天終究還是要掃。有些調皮的同學還會把「羅漢鞋」脫下，把它往樹上拋，希望把明天的落葉量也一併給它打下來。唉，該做的已盡力，管它的！

放下竹掃把，大家都準備往浴室的方向衝出，把一天的疲勞都洗去。我又獨自一人往大殿走去，拿起「口袋版」的《金剛經》開始每日固定的誦念。從動念的那一天開始，便不停的誦念《金剛經》，希望能每日連續的誦完一百零八部。

為何非得誦完一百零八部？或許是一個吉祥的數字（所謂九九、一百零八）；又或許是我那不定的心還需要多一些時間，來找到那份一輩子的安住。

誦著誦著，筆記本裡的數字已經差不多要上百了，但不知為何心中對於出家生活的疑慮並沒有因此而更明朗。自己還是那麼的煩惱、那麼的不定。哈，不管了！把那一百零八部誦完再說！

一個禮拜已過去，桃花心木的葉子已掉完，反而從枝幹中長出了嫩嫩的幼芽。透著紅光的嫩葉，代表著一個新的開始，也代表著冬天就快到來。《金剛經》的誦念已停止了幾天，不知是為了準備春節的出坡，還是自己一直不想把那第一百零八部誦完。總之，這樣一拖再拖已維持了數天，也讓沒有誦經的自己很不習慣。更明顯的是，心中的那股疑慮更加無法平息。

到底我在擔心什麼，都已發心來到佛學院了，怎麼不再進一步朝著自己的夢想前進？

難到我對在家生活還有所眷戀嗎？還在擔心什麼？真是的！

想著想著，隨著早上的板聲響起，才驚覺一整個晚上已過去了。這一週，我剛好沒被安排當施法器的人員。從床鋪爬起後，把海青搭上，就緩緩的走到了丹墀，準備做早課。

心中的那個問號，還在心海裡不停的盤旋，直至聽到出堂鼓的鼓聲，才慢慢的把心緒收拾起來，準備以一顆虔誠的心，來做早課。踏進了大殿，香燈同學隨之遞來今早使用的課誦本。讓人會心一笑的是，手上拿著的竟然是熟悉的《金剛般若波羅經》。誦完《金剛經》的早課以後，頓時覺得身心格外舒暢。此時已圓滿誦完一百零八部《金剛經》，很奇怪的是之前預想的問題、困惑，已不再纏繞著我。取而代之的，是一種輕鬆且愉悅的心情湧上心頭；對於未來出家的這一條路，也能欣然的面對。

記得那天一早，把打掃工作完成以後，就向辦公室的主任索取「剃度申請表」。當時的主任慧裴法師，聽到這項需求，雖然也跟平時一樣面無表情，但想必心中也在默默嘀咕：「平時勸你出家你不要，今天自己跑來又是怎麼回事？」

回想起出家的過程還算滿順利，還沒送申請表前，還得尋求家人、父母的同意。本來想說打電話回去，可能會讓大家哭哭啼啼的，沒想到撥回去的當天，正逢衛賽節（佛誕日）的假期，大家心情很輕鬆，父母也欣喜的同意我出家。只有祖父母有少少的嘀咕，但如今與他們談及此事，也都豁然開朗了。

至今，我還是非常感謝那一百零八部《金剛經》的因緣，每次心中有煩惱，或過不去的時候，都會把《金剛經》拿出來再誦一遍，心情也輕鬆多了。看來誦經的功德還真不可思議，大家有空的時候，不妨把經典拿出來誦一誦，增加對佛法的認識，也開拓自己未來的願景。

1

成長菩提道心

佛學院三年，讓我得以進入浩瀚無涯的佛陀教海，亦使我成為當代偉大人間佛教教團——佛光山的一員，更令我理解要從服務奉獻中，成長菩提道心！在北海學部的行門課程，經歷生活輪組、典座行堂，亦曾擔任護生、知客、房務庫房、財務、副德學長等專職，皆令我體會叢林中每項行單，都是入道的門徑！

一、典座行堂：在進入佛學院就讀前，除在家中幫忙洗碗外，幾乎沒有典座烹飪的學習。第一次拿起菜刀切菜，鋒利的刀刃，劃破手指，鮮血直流的那一剎那，令我印象深刻至今！原來要備辦一頓豐盛的齋宴，不是想像中那麼簡單的一回事！事實上是那麼的接地氣，一刀一刀的切菜，一鑊一鑊的烹煮，汗水直流在悶熱的灶台邊煎、炒、煮、炸，水裡來、火裡去。沒有詩情畫意的場景，僅是一股腦埋頭苦幹，在火燒屁股、急迫催促聲中，呈現那色、香、味俱全的佳餚。看著那一掃而空的杯盤狼藉，尚沉醉在成就感的心緒，已被學長敲醒，手忙腳亂的快速清理齋堂！典座、典座，多少祖師大德從中悟道；行堂、行堂亦是大師多少苦行修持中的一項；我亦從中了解「供養心」，從發心到呈現，就是解行並重的人間修持！

二、護生：我曾是六條狗的主人！噢，錯了！是奴才！每天餐後同學們跑香聊天時，我必須準備我六位主人的食物；每當放香，同學們在寮區休息時，我得要侍奉六位主人沐浴盥洗。但我那偉大的六位主人，給我太多的提點，給我諸多的慈示，尤其更重要是警告我，不要忘了：「狗子亦有佛性。」

三、知客：知客的修行要點是「給」！多少徬徨無助的人來到佛寺，向佛陀傾訴，如能給予暖言慰喻，投以關懷的眼神，就是「給人信心」的修持。對於自身前程疑惑的信眾，以佛法加以指引，令其心開意解，就是「給人希望」。無數路過的遊客，或僅來寺一次的香客，一個方向位置的引導，一個問題的解答，皆是「給人方便」。給予信眾、參訪者一個微笑、一杯茶水、一份尊重，皆是「給人歡喜」。

四、房務庫房：庫房工作需要的是「耐煩」！常聽師父開示：「修行要能忍耐、耐煩。」聽時似悟，但面對棉被、枕頭、毛巾……就生迷了！可這些「無情也能說法」，時時勉勵我：「耐煩做事！」

五、財務：信眾對三寶的護持，尤其財布施的大方，常令我非常的敬佩。但當我因財務工作了解諸多護法，其居家生活是那麼簡約平實，日常用度是如此的節儉，只求能有更多能力護持常住時，真的是令我無比的感動！也使我深切體認到，唯有能發出「十方來十方去，共成十方事」的大願菩薩，才能感應凝聚眾人之財力，共建人間淨土之盛世。

六、副德學長：這份專職，是我學習「若能識得人我關係處，一花一葉一如來」法義的開始；是我實踐師父教示「橫遍十方，豎窮三際」的起點！每日與不同性情的同學互動，真正領略到「摸得人心一樣平」，是多麼高的修持！

能在當代高僧星雲大師座下出家，是我最大的福報；在師父開辦的叢林學院就讀，是今生學佛、修佛的起點；學院的佛學課程，是領我進入佛教信仰的舟航；學院生活的經歷，各種專職工作的磨練，是成長我菩提道心的資糧！三年的學院生活，確立了人間佛教「以大悲水饒益眾生，則能成就諸佛菩薩智慧華果……是故菩提屬於眾生，若無眾生一切菩薩終不能成無上正覺」的菩薩修持。

慧命之家

我十歲與佛門結緣，二十歲在佛光山出家。出家前，父母擔心我會受苦，我笑著安慰他們：「我到佛光山出家不是去享受，而是去為大眾服務的，怎麼能怕吃苦呢？」確定我的決心，父母親才放下心來。在家人們歡喜成就下，我從此得以安心辦道。

對我而言，佛光山叢林學院就是慧命之家。那是一段開啟智慧的旅程，包含對自己人生的思考和對世界的探索。而在那段歲月裡，幫助過我的良師益友，也都深深影響著我的未來。

記憶中的佛學院學習時光，總是陽光不燥，微風正好，同門互助，沒有外緣紛擾，可以專心在道上精進。

佛學院的生活相當簡單，每天相同的僧袍，粗茶與淡飯，但「功課」很緊湊豐富，還得遵守很多規矩，讓僧團的環境更為和諧清淨。例如：洗澡限定五分鐘內完成，用餐十五鐘內不准拖拖拉拉，不閒雜語實行禁語，自我反省……。以便挪出更多的時間，用來讀書、開會、辦活動等更重要的事。

內務乾淨整潔，是每天必修的功課。可別小看這些瑣事，因為「室不平，何以平天下」？記得每次內務棉被沒疊好，就會被學務處處罰，頭頂棉被去跑香，罰一次學不會，兩次學不會，一百次總能學會的，在如法如儀佛學院。就是這麼嚴格的訓練，才將我身上的稜角變得圓融，培養起乾淨整潔的習慣，也深刻明瞭「一個道場要整潔有序才莊嚴，才能令訪客心生歡喜」的道理。

每天出坡勞作鍛鍊身體，培養了我勤勞的習慣，也悟得「信施難消，唯有勤勞做事來報眾生恩」的真義。

師父上人星雲大師、常住、老師向來非常照顧佛學院的學生。我以前求學時，總是因為太在意考試成績，強迫自己採取填鴨式學習爭取高分。但就讀佛學院後，每次考試前，老師們都會說：「不要在意分數，用功就好，把考試當成一次查缺補漏的機會，才能發現自己的不足而去努力改正。」反而激發我學習開啟自身的潛能。

就讀佛學院期間，令我最難忘的一件事是：有一次師父詢問佛學院新生報到有什麼需要？我不加思索的回答：「我需要一台錄音機學習梵唄。」當時，錄音機是很貴重的物品；但是第二天，師父上人還是找到了錄音機，拿來給我。當下，我內心為之狂喜，既震撼又感動！從此發願，要好好學習梵唄唱誦，以音聲供養諸佛菩薩。

在佛學院的時候，聽得最多的一句話就是「你要發心」，發心就能成就許多事，有佛法就有辦法。佛門服務意識的氛圍薰陶下，讓我看到常住的辛苦和師父的用心，他們總是殫精竭力的培養僧團。說得一尺，不如行取一寸，這份深重的恩情，我只能用具體的行動來回報。

真摯的感謝佛學院嚴格的僧格教育，讓我注意威儀，養成好習慣，培養厚實的弘法資糧。現在的我在菲律賓弘法，當年在佛學院的所學，經過多年的歷練，已印刻在心海，自然而然的運用到每日的修行之中。

憶從前，想今日，一路走來經過的風風雨雨，潮起潮落，總是有佛光山溫暖的大家庭做後盾，敦促著我在學道之路不斷突破，也從一個靦腆鮮言的懵懂之人，蛻變成到懂得經常把握法布施的因緣。我變了嗎？沒有，學佛的初心從未改變，轉變的是成長了，而且還在持續。

感謝師父上人諄諄的教導，感謝信徒熱情的護持，更要感謝慈悲的佛恩。從此往後，我將殷切的自我期許——跟隨師父上人的腳步和理念，把人間佛教散播到世界各地。

師父的一句話 我的一生路

吳秀鑾

我從佛光山叢林學院畢業後就在山上服務，至今已有三十多年了。時常有人問我：「你是不是在學院就很會典座？」其實不是的。我是不懂煮飯的人，只是當時師父看到來山的信徒愈來愈多，吃飯的地方不敷使用，而年輕人喜歡西式的口味，為了度化青年，於是籌劃創辦滴水坊。當時山上人手不足，師父讓我去滴水坊，我就這樣聽師父的話，一直做了三十年。一切都是理所當然的，因為在叢林學院讀書時，我們學習到的觀念就是「服從」。當時的學務主任是嘉師父，對於老師說的話，我們沒有第二念，只是很單純的跟著做、跟著學。我從一個不會煮飯做菜的人，到如今可以協助山上乃至中國大陸滴水坊的開設、裝潢、營運、開菜單、做菜等等，完全得益於師父的指導。

我進入叢林學院讀書，完全是因為師父的一句話。記得中學放假時我到山上打工，經常在麻竹園及朝山會館幫忙，當時蕭師姑是朝山會館館長。有一天師父在麻竹園會客，為幾位小姐開示讀叢林學院的利益，剛好我送茶水進去，師父對我說「妳也可以來讀」，我說「好」，就這樣進入了叢林學院，展開了我在佛光山的生命之旅。

當時師父是學院的院長，他的行程很忙，但是總是對每個學生予以教導。以前我們早上四點半就要起床，開始一天的作息。每日最期待的就是下午三點半的籃球時間。每次都有二、三十人一起打球，大家都不按常理出牌，師父的用意主要要培養我們團隊合作的精神，要懂得給別人機會，因此即使不會打球的人，都能在球場上很開心安穩的投籃，因為師父會保護他們，不讓別人來搶走他們的球。打完球，我們會進行下一個祕密動作——將寄藏在朝山會館的零食「暗度陳倉」，帶回教室，藏在講台底下，與同學們分享。當時除了三餐以外，同學是沒有點心時間，沒有零食吃的。現在想起來，這是很美好的回憶，單純且快樂。

說到吃，想起有時輪到我們典座，有機會為師父煮飯菜，既興奮且緊張。當時師父住在慧明堂，我們送飯上去，師父會問「你們吃飽了沒」，並且邊吃邊指導今天的菜是否入味、是否夠軟。叢林生活節奏很緊湊，師父教導我們要用歡喜心煮飯，要善用時間。比如滷的菜，早上可以先放在鍋子裡燜，到了中午只要再炒個菜就行了。有一次下雨，煮不及（因為當時是要撿柴生火），師父於是教我們平日可撿柴火放在屋簷下備用，就不怕下雨天沒柴燒了。

叢林學院的學習，點點滴滴都是生活教育，是實實在在的修行。因為有師父，我總是很安心，跟著師父的指導去做，一定不會錯。我很喜歡佛光山，工作上我不曾厭煩，只要常住有需要，我都會歡喜承擔、謙卑學習。我想能在滴水坊服務三十年，離不開學院的教育，離不開正念——「服從」，接受師長的教導，跟著做、跟著學，每天都會成長，都會賺到歡喜。

1

經過禁語、排班、過堂、靜坐、品茶吃飯、行堂服務等調教，
久而久之自己能夠排除干擾的雜念，
精神更專注。
頓時，五官發現暖陽花香、皓月蟬鳴環繞。
經過佛學院培訓，
不再害怕處眾而勇於表達、不再害怕失敗而敢於承擔、
不再排斥處理堆積如山的東西而變得耐煩。

難忘竹節平安燈

每每描述這些在佛學院的生活點滴，分享給信眾時，讓我又難忘又驕傲，恐怕是一生無法忘記的。正是這樣的生活，增添我在修學道業上的鍛鍊，更多的是感動與受用，及感謝常住了。

那年佛學院三年級，學院負責布置春節花燈，整個學院負責觀音殿及寶橋周邊。已忘記是怎麼接到這個差事了，我們幾個同學負責寶橋。這是連接到觀音殿最主要的通道，該如何構思呢？想跳開以往花燈的模式，我大膽設計了用竹子來做燈的構想，這一屆我們這一大班幾十個人，相處得特別融洽，任何事大家一起承擔一起做起來了！

竹子從哪裡來呢？妙醒同學說「我家有」，二話不說，一邊設計方案，一邊著手進行。幸好會開車，向常住借了長工阿雄仔在開的大貨車，那不是一般小車，不記得什麼勇氣，上了車就開了走，載著幾個同學往旗山山裡奔，車裡大聲唱著歌，花大半天的時間載回來一卡車的竹子，動用了學弟妹們幫忙，一聲吆喝，大家都來搬。

鑽上了洞穿入了繩頭及燈泡，從旁邊看不到亮點，沒想到有許多的細節並不簡單，做了才知道。拿著電鋸，除了要按著竹節的位置切成段之外，幾個人輪著切出橫洞讓光源可以透出來，這實在是超發揮想像空間了。竹屑噴得我們身體到處都是，不斷抖動的電鋸震動著身體，對於女眾是個苦力活，現在想起來那是把同學們當成女漢子了，而耗費的時間更是讓我們那年寒假從早忙到晚，常忙到開大靜才得收工。

同學們在這過程中不斷的交流與分享，不時還激昂的唱著佛教聖歌，〈佛光山之歌〉、〈弘法者之歌〉、〈佛教青年的歌聲〉、梵唄等等，身體雖然疲累且滿身盡是竹屑黏身，但心情很是歡喜，我們在青齋堂旁有一個不一樣的寒假……。

那一年的寶橋，不一樣於全山的紙燈籠平安燈，竹燈籠高高的吊掛在綠蔓藤的拱棚上，一仰頭看著綠色竹燈透亮的光暈，煞是好看；而兩旁的欄楯上編掛著意喻轉經輪般的竹筒，行人走過轉起來的聲響猶如誦念「六字大明咒」叩叩叩的響著，別緻又有創意的構思。布置好了，交了差的欣賞著，不論結果如何，走在寶橋來回享受著成就感，我們的同學們發揮了極大的集體創作精神，也分工合作的完成任務，創造了之前沒有，現在也沒有的一次平安燈佳作！

趁著那時節，給幾位老師也做了個竹燈掛寮房，自己留了一個，因為不久後就提早離開學院任職事了。帶著燈做為我在學院的留念，是一份不捨的依戀，戀著這個孕育我的佛學院，我的母校，雖然我不是最好的學生，沒有最棒的表現，但是我以它為榮，是它栽培出我的常住觀，是它培養我大眾的精神，是它成就我的許許多多！好感謝！

每每想起來，就又回到二十多年前學院單純充實的生活感受，那時很是享受啊！

1

幸福密碼

「妳確定就讀佛學院？」親友疑問，我堅定的點頭，下定決心跨入佛學院門檻。在叢林生活，我一一突破「減、簡、檢」的考驗，結果我找到心的幸福密碼。

在一切按照晨鐘暮鼓、茹素純樸的叢林生活，面臨第一個考驗就是「減」少物質的依賴，必須捨棄多餘的個人物品，並且規定所有個人物品的容量不能超過一個兩尺大小的木櫃，甚至我要與電視、電話、電腦、零食絕緣。起初對這種減少的空洞感不太習慣，後來我養成每日閱讀書報的好習慣，讓自己的精神生活愈來愈豐潤。實施「減」的生活以後，我減少篩選服裝的心思、減少整理物品的時間、減少處理物品問題的煩惱。自己把半小時要完成的任務在十分鐘內完成：起床後，把棉被摺成標準型的「豆腐乾」、梳洗搭海青、出房門排班上大悲殿做早課。我意外收穫就是多年減肥計畫成功了，自己騰出許多寶貴時間和運用空間，我在「減」的生活找到心的幸福密碼：輕鬆自在。

佛學院規定日常生活要有四威儀：行如風、立如松、坐如鐘、臥如弓，第二個挑戰就是「簡」化自己的身口意，排除瑣碎的人事物。學習接受導師學長嚴格的威儀培訓，專心走路排除東張西望、端正坐姿排除彎腰駝背、謹慎言談排除冗長嬉戲。經過禁語、排班、過堂、靜坐、品茶吃飯、行堂服務等調教，久而久之自己能夠排除干擾的雜念，精神更專注。頓時，五官發現暖陽花香、皓月蟬鳴環繞。經過佛學院培訓，不再害怕處眾而勇於表達、不再害怕失敗而敢於承擔、不再排斥處理堆積如山的東西而變得耐煩。漸漸的，心靈感受到人與人之間的溫度、心眼透視到人與事之間的深度、心胸明瞭到人與物之間的廣度。我在「簡」的生活找到心的幸福密碼：歡喜圓融。

佛門生活的每一個當下都離不開修行，舉凡每一個念頭、言談舉止依循諸惡莫作、眾善奉行為原則。第三個挑戰就是「檢」討反省並誠懇面對自己的心。學佛前的自己會為花開花謝難過，計較父母疼愛誰比較多，為堅持自己的想法而與人爭執，背著「人前最佳表現，人後毫無缺陷」口號，甚至有時歇斯底里活在「明天世界末日該怎麼辦」；學佛後的自己學會欣賞花開花謝的美麗，體恤父母恩重難報，每個人都擁有平等和被尊重的權益，原來缺陷也是種美，了解生命在呼吸之間的可貴。自己能坦誠檢測每個心念，轉惡為善、隨順因緣。我在「檢」的生活找到心的幸福密碼：心甘情願。

記得《星雲大師談幸福》提出到達幸福安樂的四條道路：「做自己的貴人、享有就好、不要執著、給人接受。」我要做自己的貴人，幸福操縱在自己手中。我相信自己播撒的幸福種子能萌芽茁壯，不但能讓自己幸福，也能讓身邊的人幸福。

1

山上的白米香

若有人問我：「叢林學院生活，哪一個部分你最歡喜？」我會回答：「過堂用齋。」當然我不是為吃飯而來，但是山上的白米真香，我不得不提……。

在叢林學院的日子裡，很歡喜過堂用齋。過堂用齋是一門功課，在佛門吃飯要吃得有功德、歡喜感恩，「三心未了滴水難消，五觀若存千金易化」，用齋若以貪瞋癡這三心來進食，連一滴水也難消化；用齋若心存五觀想，就算千金那麼硬的東西也可消化。

記得初次從馬來西亞漂洋過海到台灣時，山上的叢林學院是我的落腳地，第二天清晨就到雲居樓齋堂用早齋，首次目睹佛光山的風貌，靈山廟宇，晨鐘咚咚，大佛佇立，僧眾雲步長廊間。我隨同學們排班魚貫入齋堂，不禁為所見的事物而感動。佛光山的齋堂太大！太壯觀了！

坐下來之後思緒不斷的湧現，我終於如願以償，來到佛光山的叢林學院。經過了多少的努力，排除了多少的阻力，為自己選了另一個不同的人生。雖然是自己的抉擇，但也不免會想到故鄉，但還是告訴自己！要放下！把握當下，開始專注的念〈供養咒〉，之後雙手合十心中默念：「感謝一切因緣，讓我來到這裡，感謝行堂人員，讓我有這一份早齋，願我用後好好修行，好好安住身心，但願一切眾生都能飽滿。阿彌陀佛！」端起飯碗開始前三口飯，馬上嘗到這山上的白米真香。

不是我誇張，吃了不少地方的白米飯，山上的白米飯真的是最好吃。小時候家裡開雜貨店，販售不同種類的米，當然也吃不同的飯，何況馬來西亞是多元種族的國家，有馬來飯、印度飯、中式飯等。也曾到過泰國、大陸、香港等國家，還是覺得山上的白米最香。

在佛光山的叢林學院四年，期間不曾回馬來西亞，山上的白米飯養了我不下四年，我依然愛吃山上的白米飯。每天的三餐過堂，在前往雲居樓齋堂的路上，我們可以各自做自己的修持，路上的遊客不時停下來觀看我們的隊伍，這景點成為佛光山的特色。到了齋堂，大家魚貫入齋堂，鐘板訊息響起時增添了莊嚴的氣氛，我們的〈供養咒〉，行堂人員的發心，用齋的寧靜，和尚的開示，〈結齋偈〉等，這都表現出佛門很重視過堂作息，我們很用心吃飯，不論眼前的飯菜如何，一律以平等心來看待。

每當到了齋堂，從拿椅子到坐下都要觀照自己的動作是否太大，時時提起正念，每當維那呼到：「佛制弟子！食存五觀，散心雜話，信施難消，大眾聞磬聲各正念！」之後，雙手合十，供佛、供法及供僧，感謝一切因緣，我開始專注的用齋，為了不讓心散亂，當一口菜送入口中時，除了知道它是什麼味道外，就數一數一口飯要嚼四十下才可嚥下，一碗湯可喝上十三口，一口餅乾可嚼五十下，每一個動作，清清楚楚，了了分明。發現這樣訓練下來，專注力加強許多。

我可以說很「享受」過堂的方式，因為在家時我們曾幾何時可以這樣用心用餐？單單一個「五觀想」就非常有意思了，慚愧過去「不會吃飯」。在叢林學院學會了過堂，生命的意義就有另一個啟示，一飯一菜的因緣不可輕。

最近大眾都在推廣「光盤運動」，其實，佛門早在二千多年前就實行了，而且是實行得最徹底。

感謝齋堂內行堂人員、糾察及典座人員成就大眾用齋，當然齋堂內少不了善後、洗碗、行堂的作務，這就是我們回報大眾的機會，也是修福報的時刻，所以會心甘情願執行任務，從行堂中學習如何有效安排工作順序，注意事項等；善後工作也有一套打掃的程式，讓工作更順進行，是累積多少前人的經驗，才能愈做愈有效率，也在無形中訓練我們的工作能力。

記得，第一次行堂時，手忙腳亂，緊張刺激，行堂之後端起飯碗，手一直不停發抖，後來才發現原來之前行堂湯桶太重，不會借力使力才會有這的結果，一次一次的行堂，我們對它的運作愈來愈熟練，也做得得心應手，對於施與受之間，要供養心與感恩心，是藉境練心的好方法。

漸漸的我體會到為什麼山上的白米香？因為它充滿了供養心、感恩心、精進心、慚愧心、平等心、慈悲心、惜福心。這不是一般的白米飯，而是裝滿了道情法愛。

想不想嚐嚐這不凡的白米飯？生命中少不了衣食住行，如何在其中讓生命更有意義，歡迎您前來體會叢林生活。

1

永遠守護的家園

再回來佛學院，已經九年了。

九年前的學長，成為學務長；九年前的同學，成為教務長。九年後的我，還是一名學生。遇見九年前的同學，他們好奇的問，你怎麼稱呼他們呢？我答：稱呼老師呀！他們覺得有那麼一點難啟齒，他們可能不知，當老師有當老師不可言喻的任務使命，當學生有當學生不知道的樂趣。就這樣，過了兩年快樂又單純的佛學院生活。

週一放香日，是大家的歡喜日，有的勤於練法器，有的埋首寫論文，有的整理內務，有的在補眠，有的找學長們講百法，有的喜歡待在圖書館，有的讀經典，有的讀漫畫，而我喜歡暢遊在雜誌奇聞裡，探索這繽紛世界的妙趣。如果不是手捧雜誌，那就是手拿羽球拍，在成佛大道，沒有球場規矩及範圍的限制，只管打球及接球，每當球在高空飛越時，抬頭一望，那是藍藍的天，還有一群在空中遨遊的飛鳥，天地之間瞬間成為大球場，任由我們自由暢跑。

人，偶爾也想做一做壞學生，增添生活樂趣。夜裡，趁大家睡著了，搭著毛毯，與同學倆躲在陽台上看星星、說話聊天。有一天，不幸被老師發現了，半夜回到寮房，棉被被沒收了，那個夜晚，縮著身子，度過一個寒冷的夜。此後，陽台的門檻，成為我的結界區。那個巡寮老師正是九年前的同學，感謝他，秉著韋馱菩薩的慈悲，顯怒目金剛相，喝止了我那蠢蠢欲動的心。

雖這樣，還有一些沒被發現的……在佛學院，喜歡出園藝坡，見到那雜亂的樹枝，想像它是一把一把烏黑的頭髮，拿起大剪刀，大朵大朵的剪，唯一好處，剪壞了，它不會說話，總讓人安心揮剪。有天，遇到學弟妹，因他難忍天氣炎熱，於是提起勇氣，憑著修剪樹枝的技術，在他沒有任何異議下，一把小剪刀和一張舊報紙，圓了他的清涼夢。那次的違規，只有他知、我知，還有菩薩知。但我想，這被「裁修」過的頭髮，不被發現，好像有點難，老師似乎在背後開了一個方便門，沒把我們抖出來。

在佛學院，出坡作務，是行門的功課。有一學期，被開牌煮平安粥，雖有點不願意，但還是點頭接受。從小，見母親在廚房做菜，一身油膩膩、溼答答黃臉婆的模樣，心裡暗許，一輩子也不會踏進廚房。但這一切，自九年前踏進佛學院後，就與廚房展開一段剪不斷理還亂的奇緣……（故事太長，點到這裡）。每當在大寮炸芋頭、蘿蔔時，那油煙熱氣，總把人熏得油膩膩、溼答答的，想起小時曾許下的那番話，啞然失笑，現在誰是那個黃臉婆呢？小時侯的不，現在都一一實現。同時也發現，黃臉婆的背後，當見到他人吃得歡喜滿足的模樣，那是一種綿綿的幸福滋味，原來幸福來自於付出。透過出坡作務，也真實體會到母親那份慈心，對於母親一生任勞任怨，更懷一份感恩之情。

佛學院定期會舉辦七天短期出家等活動接引青年。有一回，負責引禮工作，不知何故，第一天腰隱隱作痛，動彈不得。這天是大家最忙碌的時刻，身子卻出狀況。老師得知後，即刻安排同學暫代崗位，同時準備一輛車子和請一位學長陪同我至診所。當邊針灸時，一邊拭淚。醫師問很痛嗎？答不痛，只因正處大活動期間，在需要最多人力的時刻，微小的我，卻動用這麼多人力，暗自為勞眾而感到難過。當看診結束，正想靜悄悄一個人回去時，聽到電話響起，櫃檯小姐說：「知惟法師已經好了，你們現在可以來接他了。」這份護念，讓我感動於心，不到半天，我便可行走自如。我想這份護念的力量，可以超越一切的障礙。

所謂行解並重，除了行門外，還有解門的功課。圓門前，立著一個肅靜牌，寧靜是佛學院最可貴的資產，我珍惜之。課室外，可以清晰聽到飛鳥的啼叫聲；課室內，則聽著老師們妙談佛陀的智慧。正這份寧靜，也讓我們聽到了心底的聲音，它搞怪了、它生氣了、它歡喜了、它計較了……那狡猾的心，讓我們經一事長一智。雖畢業了，但仍是佛陀門下的留級生，期許自己要好好在道上用功，期盼有那麼一天，佛陀也能正式為我們頒授畢業證書。

九年的浮沉，再回來時，師父說了四個字「回頭是岸」。九年前，不明白這句話的含義；九年後，有那麼一點醒悟。佛經裡說：「人身難得今已得，佛法難聞今已聞；此身不向今生度，更待何生度此身？」今再回到佛學院，更為珍惜。佛學院，它簡單、樸素，它似乎什麼都沒有，卻也什麼都有。它去除我們的妄執色身，長養我們的法身慧命。它的真面目，唯靠這顆心，才能真實體會到。

這是我們永遠守護的家園——佛學院。

1

多彩多姿的學習生活

「聽說妳要到叢林學院就讀？」

「沒錯，那是佛光山的叢林學院。」

「那不是一所佛教的學院嗎？課程內容只上與佛教、佛經相關嗎？會不會很呆板啊？」

「不是的，叢林學院的課程可說是多姿多彩，並不是外人所想像的那一種。」

「我還聽人家說，在那裡讀書的人都會出家耶！」

「那可不一定喔！並不是你想出家就可，還要經過很多考核喔！學院裡也有不少的在家眾同學啊，這也是當初唯一僧信兩眾一起上課讀書的佛學院！」

還記得打算報讀佛學院時，朋友們紛紛問我很多問題，到底佛學院的生活是什麼？以下就以外界少見的事例為大家介紹！

「左手代表鈴，右手代表鼓，準備左手1——2——、1——2——，再來右手1——2——3——4——」咦！你們是在練樂器學音樂嗎？不然怎麼在數拍子呢？不！這是佛學院裡的佛事儀及五堂功課。這是一堂出世間的音樂課，要司法器學拍子，是佛教莊嚴的梵唄課，既輕鬆又簡單，梵音還能讓人感動、歡喜、寧靜。

「首先把豆漿煮熱，然後起鍋放一點油爆香油膏再倒入豆漿內。豆漿滾開後，放下麵條、香菇、白菜即可。」咦！這不是在教煮豆漿麵嗎？怎麼在佛學院裡也會聽到這些台詞呢？沒錯，佛學院邀請了名師前來教烹飪，煮美味的素菜，別小看素菜的力量，這佛學院的典座課，不但培育學生們的生活教育，更要透過美味素菜來達到度眾功能。

「當我們的一對眼睛在看東西時，兩個眼球會轉向同一個目標，不能右眼看右邊的物品，左眼看左邊的物品，必須同一時間同緣一境、同依一根、了別同一個形象而產生的認識。」嘿！這又是哪門課程，不是科學的內容嗎？

但有些名詞在科學又不曾聽說過，比如：同緣一境、同依一根、了別同一形象，產生同樣的認識。這堂佛教課程在教授《俱舍論》，這是一部佛學知識的寶庫，能解世間科學所不能解，甚至於胎兒的形成也可以在其中讀取。

以上只是佛學院裡一部分的課程，其他還有好多好多精彩的課程等著您來學習呢！接下來要為大家介紹佛學院裡的某些角落。

「南無……阿彌陀佛。」哦！誰在唱那麼動聽的梵唄？原來是高年級出家同學們在六十坡練唱。六十坡佛學院裡的一角，有六十個階梯，同學們總是會在休息時段到六十坡來練梵唄、交流聯誼感情或討論功課，又或者和老師坐在這裡接心等。有時候老師們還會把教室搬到戶外，在這裡和同學們上課交流。六十坡除了是同學們愛去的地方，也像是一個迷你動物園，因為鳥兒、松鼠、貓兒等小動物會到這裡嬉戲玩樂。從六十坡放遠看去，還可以看到優美的山景及高屏溪。

同學們也常會在藥石後或修持時間到大悲殿禮拜觀音媽媽，在大悲殿裡，豎立了一尊二丈高的觀音菩薩，四周有一萬尊的小觀音，無論朝哪個方向禮拜，都有觀音媽媽仰望著，每當心中有疑惑時，總會向觀音媽媽傾訴，而觀音媽媽總是安靜的在那兒傾聽著我們的祈求。如果我們把心事告訴他人，也許會被傳出去或取笑，但告訴觀音媽媽，菩薩會給我們另類的抒解與安慰方式。

接著下來就是學院裡的一張大圓桌，這張圓桌可容納二十多位的同學聚在那裡享用點心。每一天當出坡工作結束後，同學們都會到圓桌這裡來分享彼此出坡的喜悅，又或者談談課程上所學習到的知識與看法。在圓桌的地方往對岸看，還可以看到金光閃閃的阿彌陀佛高高的豎立在前方，那是一尊一百二十尺高的佛光山地標——接引大佛，歡迎來山的大眾前來佛光山朝聖。

「所有的同學到圓門集合，學務處老師有事宣布。」一般學校的集合地點，總是會到大禮堂或大操場，這裡有個地方叫做「圓門」，這是佛光山最早期的第一座平台，這個平台為佛光山創下許多悠久歷史及人才的培育。你看，佛學院除了有與眾不同的課程，還有與眾不同的地方，看似平常的上課或出坡，在老師們及道友相互的提攜之下，把我們陶冶成金，改變了我的未來，是不是心動了呢？如果是的話，快來報名讀佛學院喲！

1

一條永不退票的道路

出生在佛教家庭的我，真正學佛卻是在進入工作職場好幾年以後的事情。記得在向母親提出要去佛光山讀叢林學院時，正在烹調晚餐的母親，停頓了不到三十秒，輕輕的說了一句：「妳想好就好，妳爸爸那裡我去講。」當晚，我與母親促膝長談，我說：「我們的人生一直都在做選擇，我如果繼續工作，大概也猜想得到未來的生活樣貌。但如果我沒有把握最後進佛學院的機會，永遠也不會知道那條路上前面會有什麼樣的風景。」篤信佛教的母親，悠悠淡淡的說：「這可是一條不能回頭的路喔！」我笑著對母親說：「我只是去念書，不是出家；假使真的會出家，那麼您年輕時不能完成的夢想，讓我來替您圓夢。」

父母送我到學院的那天，到了六十坡，我隨即下了車走上階梯。母親坐在車上，心中念著「回頭看看我們，回頭看看我們」，我拎著簡單的行囊，一路頭也不回的往圓門走去。母親帶著悲喜交加的心情，想著「是啊！這是一條永不退票的道路，她不回頭是對的」。

開學典禮那天，師父給了我們「十二字箴言」——「苦苦苦，做做做，忍忍忍，等等等」。這十二個字深刻真切的刻進心房，從此開啟了我不一樣的人生。開學第一個月，學部沒有非常正式的課程規劃，每星期安排了不同的修持活動，包括抄經、拜願、讀經、禪修，除此之外也開設了「加行班」（讓同學自動自發在平時課餘時間，增加行門功課，自我要求。），我自覺學佛得晚，便毅然決定參加。在同學們放香日到滴水坊去放鬆，學部每週播放電影的時段，加行班的學長們則選擇了用禪修來自我精進，第一個月的修持，讓我體會到與自我心靈對話的法喜。的確，叢林學院是一種「生命教育」，打分數的不是老師，而是佛菩薩、是自己。

母親自從我就讀叢林學院後，每個月都來山上打佛七，目的就是想從齋堂東單望向西單，尋找孰悉的我。第二學期，我就決定出家。這天藥石後，母親在齋堂外等我，慈悲的老師也視若無睹的讓我「會客」。向母親表示出家的意願後，她依然停頓了不到三十秒，輕輕的說了一句：「妳想好就好，妳爸爸那裡我去講。」接著說：「這是一條不能回頭的路喔！」我笑稱：「嗯，我向來喜歡穿制服，這次穿上的這套制服，就一輩子不會再換了。」我何其有幸，生長在這麼一個佛化家庭，修行的路走得比他人更為平順。

進學院以前，以為修道生活是不能喝咖啡、聽交響樂的，每天應該就是讀誦經典、念佛修行。所以把自己珍藏的幾十張CD全部送人，喝咖啡的習慣說斷就斷。有一天，在大家出坡後，老師宣布：「待會兒，圓門有咖啡茶點。」同學們開心極了！我想著：「咦？可以喝咖啡？」

另一次出坡打掃辦公室，裡頭播放著輕聲的交響樂。我又想著「咦？可以聽世俗的音樂？」老師說：「這是人間佛教，學部的教育是讓我們入世而不執著。」啊！人間佛教真美妙，我們首先學習的就是有也好、無也好，隨緣自在即是。

過年是全山的一件大事，記得那年過年前全山大眾在如來殿大會堂集合，看著職事們上台「搶著認工作」，感到這個佛光大家庭真的好溫馨！那年，我擔任環保組的工作，每天不定時的要去清掃環境，每晚開大靜後，老師開著卡車，載著我們收集全山各處的垃圾；第二天早上，再到垃圾集散場去做垃圾分類。每天與垃圾為伍，大家卻都法喜充滿，因為我們一起在創建佛光淨土，讓每位來山的大眾，都能感受得到。

念英研所第二年暑假北上支援活動，在返回學院路上出了車禍，車子在高速公路上打滑翻滾，下了車我還急著想找戒壇儀範本，心裡想著：「明天短期出家，我是引禮法師。」傷勢的嚴重，當然就不可能去協助短期出家了。整個暑假躺在如意寮，每天聽著晨鐘暮鼓，同學們在觀音殿早晚課誦，我卻無法起身，心裡好焦急。想起過去永本老師跟我們分享他病中的經驗；想起師父與病為友的胸懷；躺在床上我不斷向觀音菩薩發願，要讓自己儘快回到大眾中。

暑假過後，新的學期開始，老師找了幾位同學去法堂見師父；師父問我：「你去南美洲，要去多久？」我回答：「常住需要我在那裡多久，我就去多久。」出了法堂，我疑惑的問：「還有一年才畢業呢！為什麼去南美？不是美國，不是歐洲啊？」老師問我：「為什麼不能是南美啊？」是啊，為什麼不能是南美啊？出家了，處處是家啊！於是乎，我提早畢業了，離開了這個僧伽的搖籃，開始投入職事的生涯。

幾年後隨常住的調派，來到了歐洲，每到一處都有新的承擔與學習。感謝叢林學院的養成教育，讓我們學會了去享受「集體創作」之美，培養了我們弘法利生的能力，更能隨處自在的廣度有情。這條永不退票的道路，從學院生活開始點點滴滴的堆疊，持續到未來的日子裡，繼續發心發願，隨緣度春秋。

挫折是必要

二十五年前參加第一期短期出家的因緣，因在戒期中感受到心靈的安詳，對佛法起了非常大的興趣，有回家的感覺。出堂那天去參加佛學院的面試，就這樣走進台灣叢林學院女眾學部。

記得當時要先考試，題目我完全看不懂，倒是善書中有寫「極樂世界阿彌陀佛」，所以就猜極樂世界教主就是阿彌陀佛。

當有一題是關於「四果」，由於從小考到大，就想這其中必有陷阱，答案可能一定要有「果」字，作答就寫了「芒果」、「蘋果」、「奇異果」，最後一個果怎樣都想不起來。後來才知道宗考題問的「修行的果位」是「阿羅漢果」等四果。而平時說供養用的「四果」，則是「四時的水果」不一定是四種水果。如日本冬天天寒地凍的，就只有橘子，去哪找四種水果來供？近年好一點，有進口的水果，才可有多一點的選擇。一般錯誤的常識常以訛傳訛，還是接受佛學院正確的教導，比較不會多走冤枉路。

人總會愈怕某些事情愈會遇上，我比較胖，所以就怕熱；而住在佛學院東上的寮房中，偏偏床位就是在吹不到電扇的位置；而怕風的同學就分配到風口，整晚要包著頭睡覺。

在佛門的修行，總會有許多的考驗，既發了度眾的心，龍天護法當然也要來考驗一下是真發心？還是只不過是自己想像的露水道心而已。開學沒多久，還來不及認識，有的同學就走了；有的就是因為住宿環境、團體生活不適應就走了，真可惜。如《維摩經》說：「仁者是為床座而來？」

真為求法而來，雖不能如慧可大師斷臂求法，但至少對生活的要求要能減少，多體會法喜，追求心靈的富裕。大姑媽長年在日本，回台灣聽說我上山讀佛學院；上山來看我，見到我直流淚說：「好可憐，都吃苦菜……」我笑著說：「菜比較苦一點以外，其他還好，也有香菇可以吃啊！」

那年頭女性出家，不是感情、婚姻失敗，就是體弱不適合婚姻的，或家境貧窮才會去出家，因此在社會上是沒什麼地位的。是星雲大師將比丘尼的地位提升到世界性的地位，培養佛光山的人有世界觀、有社會性、有文化、有涵養，能在世界各地與各國的賢達對談往來。

回想剛進佛學院的自己，與現在相比，不得不說是在佛光山這個大冶洪爐中，也稍稍長了點膽識，鍛鍊了一些。

說到青菜，最有趣的就是我從小挑食，不吃青菜，尤其是綠色的青菜；在佛學院的第一難關就是過堂，那一大碗的青菜，要如何下肚是我的難題；但大眾自有威德，心中想著「為療形枯，故受此食」，青菜好像就沒那樣難吃了。

後來辦夏令營，對不愛吃菜的小朋友，我總笑著說：「師父小時候也不吃青菜，所以長大只好出家專吃青菜。歡迎大家以後長大也來出家啊！」看他們努力吃菜的樣子，不禁覺得好笑。

心的力量真的好強的，心裡覺得難以忍受，就一點也無法停留；心裡歡喜的話，天涯海角也去。

在佛學院的日子，沒有家裡樣樣有人打點，凡事要自己打掃，還要燒柴用大灶煮飯、炒菜、劈材、油漆……回想那段日子，是我人生中成長最快的階段，每一件事情都是新鮮的，每一項都是挑戰。

現在回想，記得住的都是學習的挫折與喜悅，本來就會的、拿手的，反而記不得。與同學培養了革命感情，當年在佛學院建東上樓時，每天出坡一卡車的琉璃瓦，兩個人一組，從六十坡下，搬到四十坡上，那時全院只有六十人左右，學長去西來寺受戒去了，每天因不熟悉都是割得鮮血淋漓的，但大家一起做，就有點逞英雄的味道，是誰也不肯認輸，先停手喊累的……因為是自己守護過來，是自己一磚一瓦的因緣，所以佛光山是我的家。

我在佛學院學習到慧命的可貴、挫折的必要；在此多多少少成長的記憶，是我生命中重要的里程碑，是學佛道上永遠呼喚我的初心。

再回首，好像還看到大家砍柴完，挑著柴火，一面練習著〈爐香讚〉，踏著夕陽西下的畫面……。

1

悲智願行下的
成佛之道

佛學院中軸線為成佛之道，學院創辦人星雲大師親自植栽兩旁十八棵龍柏，紀念壽山佛學院（叢林學院前身）第一屆十八位傑出的僧眾。更有深意，期勉踏上成佛之道的佛學院學生，效法學長，作佛門龍象。

鍛鍊身心的大叢林

時間真快，回顧進入佛學院的時間，才一眨眼已經是三十年前的事情了。

當年上山時，剛好欣逢佛光山慶祝開山二十週年紀念，舉行全省行腳托缽圓滿的日子，我從朝山會舘雲水寮通過不二門經過五百羅漢，沿著放生池，邁步踏入叢林學院的大門，一路直上六十坡，通往學院的路上滿地落葉繽紛，好孰悉的情景，霎時我的淚眼泉湧，感覺我回到家了，從此心靈不再迷茫，皈投此生心靈的故鄉。

在佛學院的日子，記憶中最深刻的是，一開學，老師要我們六位同學去大寮典座整學期，原因是過去每週同學輪流典座，同學們煮不出叢林菜，每每讓職事嫌棄連菜都煮不好，因此讓我們這一組要爭氣，一雪前恥，改變職事法師們的印象。

我們這一組真是絕配，因為都是高學歷的知識分子，從來沒有下廚過，唯一的我會起柴火，每天負責起火，然而同學們挑菜很慢，我的鍋子都要燒焦了，菜還沒挑好更遑論洗菜切菜，急得如熱鍋上的螞蟻，只好放一瓢水入鍋，回頭去幫忙挑菜洗菜切菜，一陣混亂後終於下鍋炒菜完成典座，趕在最後一刻讓行堂完成分發菜色，喝！終於不用整組被罰跪香，因為老師說讓大眾每人延遲一分鐘，一千個人就是殺生一千分鐘，事情嚴重。

每天三餐典座彷彿都在與時間賽跑，也在磨練我的耐心，學習與不同個性的同學相處，如何以最快速度完成色香味俱全的飲食供養大眾，這廚房的典座就是一面「照妖鏡」，照出我的貪瞋癡慢疑，讓我看到自己的問題，進而學習鍛鍊身心，降伏八萬魔軍。

第二學期開學，心中暗暗歡喜終於可以從典座解脫，孰料老師說你去學習「庫頭」工作，庫頭是管理廚房大寮，包括開菜單、叫菜、清點送來的菜，還要管理人事，確定每餐能準時完成，這個工作比起單單典座更加複雜，於是又開始與時間賽跑，在人事時地物中淬鍊，每天開大靜敲鐘鼓靜坐時，我已經閉眼昏沉，頻頻點頭，與被尊為「天眼第一」的阿那律尊者相會。

仔細回想，在佛學院我服務的時間多過上課時間，同學自修我要去典座，晚上藥石後趕著洗衣晾衣，在晚自習之前要回到教室自修，這樣讀書非但沒有比別人少讀，最奇特的是老師交代的功課，我只要到了圖書館，很快就找到書籍，彷佛韋馱菩薩協助提點，讓我很快能完成作業，而因為沒有時間重做筆記，訓練出上課就要專注聆聽，下課前要完成筆記；利用零碎時間背書更是每天分秒必爭的功課，奇怪的是很多原本不孰悉的經文竟然都自然熟悉。

在佛光山是解行並重，師父上人經常教導我們「做中學」，在佛學院的日子，本山經常舉辦國際學術會議或是國際性活動，每天跟隨在師父、長老們身邊看聽，慢慢的也熟悉如何策劃國際會議，對於日後主辦南半球最大寺院——南天寺的落成開光和國際佛光會世界總會第四屆第三次理事會會議在雪梨舉行，不感覺吃力，之後在西來寺參加世界佛教徒友誼會第十六屆會議，在桃園講堂擔任住持時承擔第十八屆會議的交通接送，乃至千禧年在南天寺承辦第二十屆的世佛會，一次比一次輕鬆，這都是「在佛學院的日子」的鍛鍊學習。

　　而在南天寺落成後，有鑑於教育的重要，開始辦南天佛學院，二〇〇四年師父上人到大洋洲弘法，調弟子回叢林學院擔任院長職務，我從學生角色轉為教育工作者，三年的時光晨鐘暮鼓陪著學生讀書研習，任滿後受調到歐洲，籌建歐洲本山法華禪寺完成後，開始在法華禪寺開辦法華書院希望能培植更多僧伽人才。從叢林學院到海外辦佛學院，目的是希望把在本山佛學院的學習經驗能夠移植到大洋洲、歐洲。法華書院第三期完成，即將邁入第四期辦學。一路走來，佛學院點點滴滴的美好歲月，竟然是最美的記憶。

有許多人常說：「想當年，我在佛學院的日子……。」對我來說，這一生，生生世世都是在佛學院，只要還沒成佛之前都是在「佛學院」學習，只是佛學院從本山的佛學院擴大到世界的每一角落，佛光的佛學院，是無止盡的學習與淬鍊。

佛學院是此生修道鍛鍊身心的大叢林，感謝「在佛學院的日子」，感謝母校「叢林學院」，讓我成長茁壯。

1

法喜圓夢

二〇一三年七月三日傍晚五時，第一次踏入佛學院的大門，腳踩在佛學院的大地上，剎那間，內心猶如遊行了天地般的喜悅，感慨之前沒有因緣更早來到此地，不過如今我已經能夠很歡喜的在好因好緣的成就下，終於可以追隨我自小嚮往的夢想。

由於母親是一位虔誠的基督徒，導致我在尋找自己的信仰與宗教理想中，遇到了許許多多反對之聲。母子親密的緣故，我實在難於違逆母親的意，但透過數年的說服和身體力行之下，我成功證明了學佛後的我判若兩人，母親也漸漸的接受我的信仰。這些奮鬥的日子實在難堪，不過一切都是值得的。

當我仰望大智殿文殊菩薩的慈祥與莊嚴聖像，淚珠情不自禁的從眼角順著臉頰流下。一方面想到當孩子的我無法順從母親的意願信仰基督教而感到無比罪過；另一方面也因著菩薩的攝受力而感動。

在潛意識裡我默默的向佛菩薩說了一聲：「我回家了！」接下來的日子才是生命真正的開始。我從小沒有踏踏實實的生活著，天天過著遊魂般的日子。因此投入佛學院生活的那一天起，我終於感覺到我在世間的存在，漸漸的體會到人生的美妙。

因緣不思議，就在我報到的當天，碰巧是慧思主任與前一任院長交接。回想十年前在南天寺與慧思法師相逢所留下深刻美好的回憶，現在可以再次與這位善知識相聚一處，真是難遭難遇。

曾經有人問我在佛學院學了什麼？當下我啞口無言，頓時不知如何回應。在佛學院要學的東西實在太多，除了佛教文字般若之外，也學習了怎麼做人。最重要的是，我們在學習的過程中也由師長、學長們等外在的助緣，對內心自我向善的革命有更高的一個層次。

1

所以我們究竟學了什麼呢？我以佛學院生活中的行門、課程、實習等三個層面，分享這兩年在叢林學院求學的一些回顧與心得。

首先從佛學院生活與行門說起，在我入學投入團體生活後，在行住坐臥中發現原來我什麼都不會，連簡單的走路也走不好。甚至連站也站不穩、站不正。一次又一次的挫敗，讓我瞬間體悟到原來許多基本做人的條件我都不具足，讓我慚愧不已。

在人間滑過快三十年歲月，我只會打馬虎眼、吊兒郎當，更別說對每一件事情花費心思去知道其背後的意義。佛學院裡藉著規律的生活作息和師長們耐心的指導，學人慢慢的走出佛子該有的風範了。

早晚課誦、打坐參禪的經歷加倍了我內心的正能量與正見。老師們不厭其煩的用種種方便善巧使我們道心更加堅固。為了要培養出謙虛、厚道、韌勁、精進勇猛、持之以恆的性格，特地安排了各種行單之事，提供我們修福修慧的機緣。

師長們在教育過程中以身作則，耐心的陪著我們一起做。若是現前有那麼一點的道心，也可說是這兩年來承蒙師長們的慈悲所磨練出來的成果。

我們不能用世俗的眼光來看待佛門的一日，許多的作息外表看似平凡，但每一件事都是在磨練我們的內心。透過外境的刺激，我們學會如何觀察自己的起心動念，如何當六根六識的主人，糾正自己不如法的習氣與念頭，把煩惱轉為菩提。這種教育方式也開始讓現代的教育界慢慢的認同，並且大力推廣。

佛學院的生活非常充實與豐富，讓我留下深刻且美好的回憶，更影響了我看待人、事、物的態度。例如每當淨房與浴室的瓷磚地板開始鋪上一層厚厚的汙垢時，我們就得蹲著用鐵刷賣力的刷。每一塊瓷磚至少需要五分鐘才能刷乾淨，起初這讓我起了不少無名煩惱，心裡抱怨為何浪費那麼多時間與力氣做這些無謂的事？難道佛學院買不起更好的工具？或是索性把地板打掉再換一個新的，不是更省事？

但是在一次又一次的洗洗刷刷過程中，我發現問題不在於永遠刷不完的瓷磚，而是內心的態度如何看待外境所帶來的考驗。原來我誤解了師長們的用意，他們是要培養我們的耐性，長養我們的恆心。慧思主任曾說過，落葉並不需要我們來掃，重點是藉由掃地我們是否也可以把自己骯髒染著的心也掃乾淨？感恩有這一段因緣讓我學習在日常生活中修行的要義，也啟發了我對師父任勞任怨、逆來順受、當眾生馬牛的精神。

教務處安排的課程提供了我們無止盡的學習，除了比較有學術味的專題演講之外，也有一些與行門、道德有關的珍貴課程，及寺院法務技術上的系列講習。最令學人歡喜的是，學院一向以來都是行解並重的教育，上課薰習文字般若，下課直接體驗其意，確實是行解並重的有效學習。

佛學院為了要快速提拔潛能，以學生兼教師的身分讓我實習。這兩年來，在佛學院任教「佛教名相」與「佛學英文」等課程。也就因備課之需而勤奮看書的動力，這樣的學習方式，的確學得很快。

我想這也是佛光山以及世界教育界最近開始提倡的「翻轉教育」之一。當然剛開始並不是很順利，使自己失去了信心。但在一次因緣下，有幸到法堂向師父請法而得到了肯定，回來之後我重新整頓自己，拾回遺失的信心，從那天起我再也不懷疑自己教學的能力。我從來沒有跟師父報備關於教書的件事，不過在那次的會面，師父說我適合當教師。心想師父是否有神通可以直指人心，將我內心的種種疑慮與掛礙都抛出雲霄。也感謝師長們向來的鼓勵，讓我產生對於教學的樂趣。

特別感謝慧思主任沒有嫌棄能力不足，一次又一次的給予我機會實習。例如：開牌我到馬來西亞推廣佛學院教育，支援海外短期出家，到新加坡發表論文，到分別院支援法會等實習項目。過程中的挫折和多次的失敗，主任卻一直在旁以愛語勉勵，使裝模作樣的我漸漸取下了面具，以真誠的心學習辦道。

回想起我在支援短期出家當引禮的時候，我連講幾句標準的中文都沒有辦法，可憐的新戒們必須從發音不準的文句裡辛苦的猜出我想表達的重點。但人總是會從挫敗中成長，雖不敢說現在講得很流利，但至少比以前好多了。學人深深的體會到在學習中要有直下承擔的精神，肯承擔就會進步。

男眾學部近年來都負責布置佛光大道「高雄平安燈會」一萬四千盞燈籠合成的燈牆。過程中挑戰了我們的體力，也考驗了我們的耐心。從中培養了我們做事的效率，也建立起彼此的默契與集體創作的精神。為了成就一個共同的目標，大家同心協力、心甘情願。此次因緣讓我有所啟發，師父說過佛光山出產歡喜。我覺得給人歡喜不是口頭禪，而是要我們實際去做。透過實習的因緣，讓我有辦法測量自己的能力與處事態度是否具足，更讓我衡量自己道心是否堅固。

所以，我究竟在佛學院學了什麼東西？除了學習了一些弘法布教的技巧，也適應了叢林寺院生活與溝通方式。更重要的，也累積了弘法者必備的佛學基礎。但這些都是運作上的形實。

若是說在佛學院兩年來最重要的學習，就是如何進行自我改革，將這一顆心看清楚、從根做起、建立扎實的道心，培養正知正見。

最後，能夠追隨師父上人出家，是我今生最幸福的事，是我一生的願望。身為徒弟之我，不敢要求些什麼，唯願生生世世可以追隨這麼一位大善知識，在其領導下盡心投入人間佛教的慈航。

找到「家」的歸屬感

在佛學院的學習，給予我們成長的養分，單純又清靜的修道空間，讓思想飛翔於天際間，規律的作息，慢活的腳步，讓心靈清明朗照，簡樸惜福的生活觀，讓學子降低對物質的依賴。

其實，淡泊也是一種美。

佛學院的課程除了有教理的學科，還有參與活動規劃與執行的各種術科項目，是一所符合當代青年就讀的學府。每年有來自各國的青年到此學習，在年齡、語言及社會文化的差異下，時有令人噴飯趣聞發生，時有「三條線」的現象出現。然而，這一切都已成為公案。

吃現成飯當思來處不易

修道生活，既步調固定，稱不上有多少例外。就因為如此，在剛踏入學院的青年，總有一股「丈夫自有沖天志，不向如來法中行」的豪氣，個個頭角崢嶸，一副「今生不了道，來生披毛戴角還」的急迫。

開門七件事「柴、油、鹽、米、醬、醋、茶」，能把七種元素調和出人間美味，肯定功夫了得，而掌握關鍵手藝的人就是「典座」。

「典座」既是為大眾備辦飲食。煮得好吃，平日同樣的分量會不夠吃，煮不好剩菜多，這考驗著掌廚的功力。

有一次，信徒結緣的青菜放置多日，學院人眾雖多，但所食有限，因此青菜有漸漸腐壞現象，為了不浪費得之不易的道糧，於是典座組費盡心思化腐朽為神奇，烹調出天廚妙供般的美食「紅燒素丸」。

佛學院位於山上，冬季的氣溫都比平地低，加上強勁的東北季風，讓人精神抖擻，內務櫃的家當全穿在身上，都還一直打哆嗦。三餐時間一到，

1

總給人無限的期待。

那天〈供養咒〉後，望著熱騰騰的菜餚，眼前出現「紅燒素丸」，剎時，全體同學歡聲雷動（表情如是說），了不起的典座組，深知民心。

大家顧不得「飲食知節量」的警語，白飯一碗一碗的加，菜盤一個一個往外推出來加菜。

然而，在一旁行堂的新生同學卻張大眼望著說：「完了！完了！」

學長問：「什麼完了？」

「你看，紅燒素丸都快被吃光，我心急！等一下我們沒得吃。」

剎那，學長也「三條線」，哭笑不得。

不過，在佛學院的生活中除了正餐，著實鮮少其他副食品，同學有這般反應，雖突兀些，但也能理解。畢竟，在巧手妙智，用心烹調下，將青菜剁碎後，再裹粉油炸成「紅燒素丸」，把它改頭換面，賦予新生命，在大眾菜中少見，不只令人垂涎三尺。從此，就不再是一簍一簍將壞掉的青菜了。

觀察人們的需求，適時給予歡喜，既在生活中實踐佛法，在生活中修煉。此亦如星雲大師所說：「一個有用的人，即使是小事，也能做得轟轟烈烈；一個無用的人，大事交給他，最終必然偃旗息鼓。」

自古許多大德皆從典座中淬礪身心，開悟見性。而日本道元禪師在參學中國後更著有《典座教訓》一書，明示典座也是一種修行。所以佛門有云：「三千諸佛，皆出在廚中。」可謂真實不虛。

佛光山是我的

學生的教育，除了教理的傳授以外，更多來自師長的身教，及環境的潛移默化。學部位於佛光山之東的山嶺，邊坡陡峭。每當雨季來臨前，防災措施必定要做到位。避免因疏忽，而造成常住損失。有句話「多一份防災準備，少一份財產損失」。

一日，颱風前夕，老師都去開會，行前沒交代學生要預作防災措施。當老師們結束會議時，已超過開大靜時間。

萬籟寂靜的夜，是風雨前的靜謐，急促的腳步聲，是那麼清晰。在漆黑的夜裡，生活組學長帶著組員，一一巡視排水溝及水孔，關閉所有門窗，又用竹掃把當作簡易過濾工具，防止落葉堵塞水道。

學生看到老師們說道：「哦！老師，你們回來了！」

老師問說：「是的！是誰叫你們做這防災？」

學生說：「是我們自己主動做的。因為佛光山是我的！」

一句「佛光山是我的」讓大家有了歸屬感，更讓大家改變漠視一切的自私心態。一句話，若烙印在心裡，產生的力量，無法預測。如經云：「寧起有見如須彌山，不起空見如芥子許。」在「有」的世界，能游刃有餘；那在「無」的法界中，更能任運自在。

「山河大地是我的，所以我要愛護大自然；法界眾生是我的，因此眾生無邊誓願度。世界寰宇是我的，以至要推動和平共榮；有情無情是我的，所以要宣揚法界平等。」

「有因有果，有你有我，有聖有賢，有對有錯，一切萬法，因緣生滅。」人最怕的是冷漠孤僻，又對周遭環境漠不關心，於群我間有疏離感。因為一句「佛光山是我的」給人有了奉獻的目標，有了歸屬感。因為是我的，所以待人要親切；因為是我的，所以互動會有表情。

有一回，北京友人來山拜訪，當參觀後發表了感想：「在佛光山雖沒有見到藏經閣，卻發現藏經早已展現在每位佛光人的臉上！」此番話是肯定，也是一種激勵。

在學院團體的生活，經師長無私的教誨，點點滴滴感念在心頭。而今回憶起，無不懷念特別多。

昔日，丹霞禪師為儒生時赴京考取功名，因禪僧一句「考官不如考佛」而放棄考狀元的念頭，出家修道，終於成為一代禪師。生命的轉捩點，總在不經意之處出現。而此公案，也令人玩味許久……。

佛光山系統的僧伽教育對於實務經驗的培訓特別加強，
叢林四十八單的工作樣樣都能一肩挑起。
時逢佛光山開山二十週年慶，我們帶著學生從台北行腳到佛光山，
三十天走了六百多公里，
不管烈日曝曬、大雨傾盆，走出佛子正信的道路。
每天雖然要照顧長了水泡的「足下」，
但是每個人精神抖擻，曬出一身健康的古銅色。

為求真理登淨域

對於初接觸佛教，乃至於完全沒有任何宗教信仰背景，但想要了解佛教，甚而想進一步考慮將來能在佛教裡發心服務的青年來說，進入佛學院是一個很好的學習開始；而對於那些心中已清楚立下希望投入僧侶行列的發心青年來說，佛學院更是一個很好的養成環境。

常想，一個人的人生際遇，或難以想像，但種種人事因緣的轉變與結果卻絕非偶然。當年大學畢業之初，就像新成羽翼的鳥，迫不及待的振翅向天際高飛，抱著滿懷理想投入職場，雖初出社會在日商公司裡工作，不久，便受到公司肯定升任主管。之後又接觸到電視廣告編導領域，得心應手之餘，也做出了興趣，原本計畫進一步進修相關專業，希望能成為電影導演，用電影說人生的故事。但這個計畫，在看到報紙上刊載的南華大學新成立生死學研究所及招生新聞後，便有了不同的轉變。

記得參加入學考試的時候，面談師長問我：是什麼因緣讓我想要讀佛學院？我不假思索的回答：是南華大學生死學研究所，這也是我接觸佛光山的開始。猶記當年看到這個研究所成立的消息時非常驚奇，因為自己曾因病瀕臨過死亡，從此對人生的存在產生許多疑問，對死亡也有了不同的想法，只是一直沒能為這些問題找到答案。因此一看到生死學研究所便立即被吸引，心裡想：佛教辦大學果然不一樣，生死學研究所顧名思義就是研究生死課題的，「生」的研究不特別，但「死」的課題怎麼研究呢？強烈的好奇心使我生起報考這個特別的研究所的念頭，為了購買簡章，我在學校人員的指引下來到台南講堂，而這不但是我真正接觸到佛光山的開始，也是我第一次接觸佛教。

在進入道場，接觸了法師之後，我開始在工作之餘也到道場參與活動，並且在法師的介紹下認識了佛學院，最後，在生死學研究所與佛學院之間，毫不猶豫的選擇了後者。由於在入學院之前，只有短短三個月的時間接觸道場、認識佛教，因此，進學院求學的第一年，舉凡佛學課程、上殿課誦、出坡作務、打七修持，以及生活中的行止進退等種種學習，對我來說都是既陌生又新鮮。每天從清晨四點半起床開始一直到晚上十點就寢，日子過得充實歡喜，當中雖也曾一度因為身體健康條件太差，在師長的建議下在一年級下學期結束前，先行休學以利用較長的暑假期間治療調整，到了二年級返院就讀時，健康狀況改善了，在學院的生活便似如魚得水般的自在，又在師父慈悲接納下，得以滿出家之願，成為僧團的一眾。

回憶中的學院學習生活總是單純而美好，走在學院，就像在淨土般，有諸上善人聚會共學。還記得初入學第二週，便輪組到大寮，當時學院仍須負責典座，供應全山女眾寮飲食，燒的是柴火，用的是大鍋大灶，這些都是在家時不曾見過的。學長分配我切薑絲的工作，一開始，真是求一「絲」而不可得，不但切出來的都是薑「條」，幾天下來，幾根手指也都陸續遭殃，一個一個包上了繃帶，然而學長不但沒有因此放棄笨拙的我，反而更細心指導，終於在一個禮拜後，練出了切薑絲的快刀。這一個功夫，在放寒假回家時，還特別表演給母親看，心裡頗為得意。如今想來，真是有趣，僅僅是學會切薑絲一件事，也可以如此歡喜滿足，這就是學院不一樣的地方，生活中的點點滴滴都充滿了活潑潑的生機。

多年以後，因為職務調動，我再度回到學院。院舍仍一如記憶中的模樣，只是樹長得更高了。兩年的教學生活，也更加能領會師父所指導的「做中學」的道理。人生中的每一個階段的展開都是在前一個階段的種種積累中所成就，生命看似有始有終，實則無來無去，如何將有限生命活出無限價值？求真理、學佛、行佛無疑是人生最有價值的追尋。「為求真理登淨域，為學佛法入寶山」，是佛法真理讓我人生的路再無疑惑。衷心感謝一切因緣的成就。

定位人生

初學佛時，一邊上班一邊跟隨佛學社團學習，但總覺得所學有限，很想有系統的了解佛法，後來因參加短期出家，在戒兄鼓勵下報考佛學院；加上自己也很想了解出家到底都做些什麼？自己又適不適合出家？就這樣來到佛光山叢林學院就讀；由於沒有機會親近佛光山別分院，所以對道場的種種一竅不通，好處是沒有先入為主的執著，壞處就是常常會出糗。

佛學院中每日三餐、早晚課誦，均以鐘板來集合大家，也就是敲鐘打板（打板就是用一木塊在木板上敲打）。記得第一次輪組行堂，對打板很好奇，拜託組長給我試試，哪知第一次上場打「若人欲了知……」就慘遭滑鐵盧，一陣凌亂的板聲，打得自己膽顫心驚，本以為過堂打板這麼簡單的事，沒什麼困難，害得組長跟我一起在齋堂中，向大眾表堂懺悔；當時才知道，原來在佛門中做事，不論大小事都得心存恭敬，平時做好準備，上場才不會擾亂大眾，佛學院的生活正是從這些生活的細節上，訓練著每位學子。

夏季時颱風的來臨，將六十坡下的樹木摧毀得慘不忍睹，連續幾天早齋後的打掃，仍然沒能將六十坡下掃乾淨，上課時被老師關照，說掃這麼多天還沒完成。自己心中嘀咕著人少、事多、時間有限，哪裡掃得完？愈想愈氣，牛脾氣卯起來，一有空檔就跑去掃地，連下課十分鐘也跑去掃，後來竟然掃完了，原來在看似無理要求之下，會激發自己的潛能。

剛進學院，整整一個月聽著不熟悉的鄉音，還要捕捉著授課老師的意思，尤其是課徒不倦的星雲大師，總利用弘法之餘，親自為新生上課，後來的學弟幾乎沒有這個福氣了；當年師父上人出國一趟回國時，為全山大眾帶回禮物，當時自己還是在家眾，驚訝於師父的胸襟，能夠平等對待每個人。在佛光會創立之初，大師苦口婆心，不斷的向徒眾說明，組織在家信眾的重要性，應給予在家眾發揮的空間，當時被師父的用心所感動，因為他並沒有用師父的權威強迫我們接受佛光會的創立，而是不斷的說明，達成大家的共識。

因為，自己出家因緣不是很順利，聽說要發願創造具足出家因緣，福報夠才能出家；因此，期許自己能夠早日出家，每逢院中出坡時，都要求自己做粗重的工作，例如劈柴火、揀柴火，更在藥石後幫忙洗碗，自覺在學期間書不是讀得很好，但是做事的經驗倒是累積不少；除了努力作務之外，中午跑完香回寮，讀完一品《妙法蓮華經》才午修，晚上打坐念完十九遍〈大悲咒〉才休息，雖然不知佛法中的感應是什麼，但是自己後來能夠順利出家修道，應跟發心有很大的關係。

經過一年佛學院的實際觀察，自己決定要出家，經過申請而剃度成為出家眾；雖然出家前、後生活作息是一致的，但身為出家眾，老師及自我的要求，就更高了，甚至開始擔任領眾的職務。初次，當清潔輪組的組長，組員中有學長、學弟妹，面對學長須尊重，學弟妹要軟硬兼施，週一的大掃除，常常在筋疲力盡之後，還要加強未通過檢查的部分，內心常會嘀咕，老師好嚴格，都不通融一下，只好耐著性子把它完成。等到自己當老師時，才知道這叫耐煩做事好商量，在社會上的種種習氣，若沒有這種過程如何去除？

基本上，自己是一個拘謹、不善言詞的人，害怕在眾人面前說話，擔任德學長就得硬著頭皮說話，常常不知如何表達，而急死人了，不恰當的表達更是常有，往往宣布老師交代的事情之後，同學有不同的意見，真讓人頭疼。

自己曾與學長討論，為何要去管理人？修道是修自己的事，如果能不管人，我可以把自己修得很好，當了組長反而無法專注的去完成每件事，因為要不斷去關照組員進行的情況，很掙扎於自己與大眾之間，學長給我一個觀念，這正是佛光山——人間菩薩道場的特色，是從完成大眾當中完成自己。現在回想起來，正因為這些困難，逼迫我要去面對自己害怕與抗拒的部分，也磨練自己不成熟的心志，同時對佛光山的人間佛教，有更深刻的認識。

第一次領到了獎學金，很驚訝自己的成績並不是很好，為什麼會領到獎學金，原來佛門中不僅重視學業，也強調事業與道業，這樣的肯定給了我不小的鼓勵，原來因果真的不會辜負人，自己的堅持與努力，自有因果來呈現。

佛學院的生活，看似規律而平淡，當您懂得打開心胸去接受一切時，自有一片天空任您飛翔，不管最後的選擇是在家或出家，都能為自己的人生找到定位，祝福每位學佛的人，都能找到最適合自己的修行方式。

1

慈心

花間樹下，蟲鳴鳥叫的生活，原來我也可以這麼簡單，心不再徬徨無助，這是我的法身慧命之家——佛光山叢林學院。

未讀學院之前，每月總會有幾天到佛光山做義工，並到大悲殿禮拜觀音，期望自己有朝一日能進入佛學院。禮拜完，就會走到般若門旁的鐘鼓下，聆聽同學們的上課、梵唄聲，從這些音聲中鼓勵著自己要堅持，為了學習佛法，我一定更努力，儘管父母不允許，但始終相信「有佛法，就有辦法」。

時光飛逝，在父母的同意下，來到夢寐以求的佛學院，在這裡沒有手機、電子產品，放下塵勞諸枷鎖，學習沉澱，找到自己的心。在人與人之間的碰撞增長了我的法身慧命，讓我認識無明、煩惱；老師的教導讓我學習忍耐、放下，忍下自己的瞋心，進而看到內心的的貪瞋癡，在法水的洗滌下，成長茁壯了我。

一年級時承擔水陸法會總務工作，期許能夠圓滿任務，卻在活動中與同學們爭執不斷，要求物品的去向清楚明白，人要一對一說清楚，孰不知一點也沒有給人方便。在水陸法會結束後自我反省，並在大眾中懺悔，懺悔我執。這個事件讓我學習到活動的完成不在於個人而是團隊，眼中除了自己什麼也看不到，以個人感官去對待他人，都是不對，我沒有活在眾中。在這一次的經驗中，更認識、面對了自己。

除了與人之間的相處，更有讓我印象深刻的事情。有一日藥石（指寺院午後的飲食，禪林晚餐）回到院內，不經意的撩起長衫後襬，發現拖著虛線，心中嘀咕著該怎麼縫補長衫，不巧被經過的師長看到，心想糟糕了，深怕會被訓斥一頓而忐忑不安，但老師卻沒多說，只要我去拿針線。老師說：「我們出了家，很多事情都要自己學著做，縫衣服也是。以前我也從來沒有學過，也是師兄教我縫的。」針線穿梭在長衫上，一會兒工夫教會我如何縫補，這看似簡單的動作，卻讓我看見慈悲與傳承。慈悲來自學院的老師們，時常關照、教導我們的生活起居，更照顧我們的菩提心。在針線的穿梭中，感受到道情法愛，有人說道情不比俗情濃，但此時此刻卻深深烙印在我的心坎裡，原來針線不僅可以縫補好一件長衫，也可以溫暖我的心；在教授中感受到，佛法有如一盞明燈，燈燈相續，綿延不斷，增長我的法身慧命。

叢林學院嚴謹的生活，內含慈悲在裡頭，師父上人說：「佛教講人人有佛性，佛教徒可以什麼都不信，但不能不信因果；可以什麼都沒有，但不能沒有慈悲。」以慈悲心灌溉的學院，它是僧伽教育的養成，也是心靈的加油站。在人與人之間的碰撞與老師的慈心照顧下，在這裡我找到我自己，更懂得感恩、珍惜當下。感念三寶恩，讓我從昏睡的世界裡覺醒起來，藉由法水洗滌，讓自己的心靈回歸最初的本心，因為懂得，才明白「世間上還有比這更好的嗎」？因為深受感動，也希望自己能帶給他人這樣一份暖暖的法水，讓每個人都能感受有佛法作依靠的幸福。

合十的雙掌，願心中的蓮花能化作萬千的信念，帶領迷惘的眾生，往成佛大道上走，問一聲汝今哪裡去？願生生世世能在佛門下弘法度眾。

保任道心的大補帖

上殿

「四點二十！」清醒的那一刻，如此臆測當下的時間。

自從課堂上老師說過：「相信自己的本能，心裡想什麼身體能聽見，入睡前用心告訴身體，你想幾點起床，就能幾點起床。」

這之後，就把生理時鐘的起床時間訂在早上四點二十分，每晚打坐後告訴自己：「四點二十分醒來。」如此訓練一陣子，果然每次清醒，就在四點二十整。

此時離清晨第一響板聲，還有十分鐘，屬於我自己的十分鐘。

打坐片刻後，為免擾動同寮，在棉被裡悄無聲息的穿好襪子、束起襪帶，蓄勢待發。一俟板聲初響，同學還在睡眠與清醒之間掙扎，我已一個箭步衝向盥洗間，第一個上淨房，享受一夜穿堂風加持下的芬芳空氣。第一個洗漱，享受沒有牙膏水、洗臉水噴濺，臉盆底清淨乾爽的從容空間。

兩分鐘解決晨起大事後，回寮疊被、搭衣、緩步前去排班，此時盥洗間、寮房裡還一片戰鼓咚咚，牙刷與棉被齊飛！

今天一如既往，第一個出現在排班隊伍，量好距離、認好排班的位子，在一百零八鐘聲中，閉眼默念佛號，開始與觀世音菩薩的接心。燕子陪我啁啾著。

這是進入佛學院一年後，才有的從容自在。

1

初心

回想初進學院，對「佛光山」全然陌生，只憑著一份渴慕佛法的心，工作辭了就上山了。

其實當年連「渴慕」二字都不自知，開學不久有一堂課老師要大家說說「為何而來？」

「我想尋找生命的答案！」（吼——好有深度啊！）

「我媽媽叫我來的」（媽媽在想什麼？）

「我想深入經藏」（吼——好有學問！）

「我想出家，師父說要先經過叢林學院的教育才可以」（哦——可別想不開啊孩子——）

同學們一個比一個有想法，我心裡回應的OS像在跟人家打戰似的，一聲比一聲叛逆，同時也一直問自己，我為何而來？輪到我時，該怎麼回答才得體？

沒想到老師點到我時，我一緊張脫口而出的是：「我也不知道，就來了啊！」（這是傳說中的鬼迷心竅嗎？）

最真實的心聲，就是脫口而出的話，老師一笑示意我坐下，從此我亦不愁著想什麼場面話。

即使現在，有人問我為什麼出家？我仍然直心素面相見，老實回答對方：「沒有為什麼，忽然有一天下了殿，一邊抽衣一邊覺得有信心了，家人也歡喜成就，就出家了。」

日子在每天早課後抓緊時間補睡五分鐘、下課喊完「謝謝老師」後立馬趴下入睡、午休時間眾人皆醒（複習功課）我獨睡中，度過難熬的第一學期，彷彿專程來睡覺的。

課堂

雖然像一輩子沒睡飽似的拚命鑽縫睡，但求法的熱切之情，讓我在課堂上只知道抬頭盯老師（和黑板），埋頭苦作筆記。

聽聞法義，薰習梵唄的歡喜踴躍，專心一致想吸收所有老師講授的精華，而創下求學期間沒打過瞌睡的紀錄。這在一般學校也許沒什麼，但佛學院緊湊的課程和連串支援活動下——尤其是從夜貓子生活，驟然「改邪歸正」的第一學期——庶幾可謂志心信樂的靈感事蹟了吧！

對我來說，課堂不只在教室，那些教史、經論、文獻、宗派、語文、梵唄、唱誦等，固然是功課，即連隨眾、飲食、出坡，乃至安住身心，佛學院的一切，都是養成的功課。

佛學院的學習，像自己對自己的闖關遊戲，一關闖過一關，過程中自然有辛苦，但原本以為的，或外界以為的，在辛苦中戰勝自我的習氣，有多麼不容易，一旦真正投入，才發現並沒有想像中費力，因為身在正向學習的磁場中，改變不是刻意的，而是潛移默化的。

多年後回頭看看過去的同學和自己，才知道大家其實都在進步，在修行尚淺的根基下，智慧或許不足，但道心增長才是保任法身慧命的根基。

保任

我那些同學，當年想找生命答案的，媽媽叫他來的，想深入經藏的，想出家的，有莫名其妙來的……，進學院雖然各有因緣，畢業後接受常住分發也天各一方，可卻成了生命緊密相連的一家人，有福同享，有難同當。

受了委屈找他們聊聊，聽到好笑的事說給他們笑笑，感動的事找他們哭一哭，氣惱的事找他們評評，少了資源找他們籌籌，讀到好書給他們報個訊，修行心得、生活感悟等等等事，總有同學分享，多年後回頭一看，那叫善緣！

而授過課的老師，在畢業後成了師兄長，也許還能共事，也許在工作崗位遇到瓶頸，還會回去找老師，不管如何，總之只要願意，還是能繼續接受春風化雨。

連縵衣都不會搭的受戒，司法器不如法全組表堂，大殿遞香給遊客羞澀囁嚅的初體驗，功德堂幫忙無嗣亡者換新的骨灰罈，六十坡談心，四十坡練梵唄，簷下的乳燕，看老師英勇神武抓蛇，佛事懺儀課的一半人自動罰跪，教觀綱宗課上的全班罰站，下雨天出坡的歡暢狼狽，聽長老師兄談師父上人的感動流淚……佛學院的生活一幕幕，記住的都是感謝與感動。這些感謝與感動，正是保任道心的大補帖。

1

一切唯心造

一九八三年夏末，懷著一顆雀躍歡喜的心，進入佛光山中國佛教研究院專修部學習。

慈嘉法師的慈悲，開了方便門，憑著幾句談話的內容，就允許我上山來。佛學院不必繳學費，讓清貧如洗的我簡直是得到從天而降的珍寶，在工作多年後，可以有進修的因緣，選擇在佛光山安心的好好讀書。

其實上山來並非要學佛，只是想讀讀書而已，自然心態上不是很正確。因為沒有發心，自然心中會有些辛苦。人我的相處，雖無磨擦，但看著學長的棒喝，同學們之間的口角，腦海中出現出許多問號，心想我要繼續留下來？還是一走了之？

記得慈嘉法師叮嚀我的一句話：「你在佛學院的學習，要有始有終，不可半途而廢！」把話記住了，一年的日子在忍耐中度過，並歡喜的完成二年制專修部學業，才想要更進一步學習，卻要畢業，填寫志願分發實習了。

回想三十年前，在佛學院的日子，真是幸福！師父上人的慈悲，讓學子們有求必應。常常他在圓門兜圈子，等待學生來受教，但愚笨的我們都不知道去請法，空費了寶貴的因緣。雖然如此，但有一件事我們絕對不會錯過的，那就是當跟班。

星雲大師每年全國巡迴佛學講座前，我們會慫恿善說的同學，去請求師父上人讓我們跟隨前往弘法。雖然學院老師要傷透腦筋，但只要大師一聲令下，我們專修部的學生，便歡天喜地的準備出門去。當時一部大巴士載著大師和學生們，浩浩蕩蕩從佛光山出發，前往各地弘法。

在家眾學生總是愛玩的，大師深懂民意，也會細心的安排，白天帶我們去參訪，並熱心的和我們單獨合照，且開玩笑說：「每張要價十塊錢喲！」頓時，大家笑成一團！晚上則聽他的大型佛學講演，偶爾讓我們客串獻供人員，上台一起參與。講演下來，回到道場，我們都累了，但他仍然精神抖擻，繼續對著圍繞在座前的學生講話，直至深夜！何其有幸！我們享受這樣的福報。

回到佛學院，繼續過著每天一樣的生活。早晨四點半打板起床做早課、過堂、輪組打掃，接著上課、自習。輪典座、行堂人員在自習課時，要動作迅速的飛奔大寮，準備午齋。

典座人員事前準備的首要工作，柴火必須是乾燥的，有大有小，有粗有細，在短暫的時間裡，一次就得成功，馬上把火生起來，否則這一餐就堪憂了，因為五人組一個小時內要完成百人以上的用餐，所以分秒必爭。一天的日子裡，滿腦子專注的思索：三餐中如何準備？

哪一道菜先煮？哪一道菜後煮？滷的、炒的、炸的？雖然忙碌，但看到自己煮的菜吃光光，不禁的從內心生起一種歡喜的感覺。那是天下最快樂的事！

不輪典座行堂的日子，每天黃昏是最快樂的時光，跑到最高處的升旗台，坐在上面，居高臨下，望著遠處的高屏溪，高歌一曲，或背誦國文，一大樂哉！

平時在家裡，茶來伸手、飯來張口。來到佛學院，全然不同，大家分工合作，十八般武藝全部要學習。如果常住有大型活動，全部參與，學習如何規劃，如何辦理活動，讓每個人都有發揮的空間。

五堂功課正常，每日薰習佛法。不可思議的是，想要離開的心，因為一句話而點醒了。《華嚴經》云：「若人欲了知，三世一切佛，應觀法界性，一切唯心造。」又從唯識學了解到人的種種心念，引發自己的情緒，墮入迷霧中，而產生是非不明的狀態。悟門一開，二年級的光陰飛快駛過，而慈嘉法師的叮嚀「有始有終，不能半途而廢」，更堅定自己學習中的信念。

「一切唯心造」確實讓自己懂得去看看內心是善是惡？明白許多事情要做反省功夫，也知道所學有限。兩年的生活，就好比拿了一把鑰匙，準備進入寶山，去尋找開啟自己的寶藏。佛學院的學習，雖不敢說脫胎換骨，但至少是善根增長，並且為自己開拓出一條康莊大道——成佛之路。

1

眾中一個

二〇一六年，是佛光山開山五十週年，也是我來到佛光山的第二十個年頭。回首來時路，點點滴滴回味在心。

一九九六年八月，十五歲的我背著行囊，第一次遠離父母，來到南台灣的高雄佛教聖地——佛光山。對於從未獨自出過遠門的我，在搭乘四個多小時的火車中，內心充滿掙扎，火車每停一站，總有想跳車返家的衝動；而離家前母親的叮嚀，送我上車後父親遠去的背影，又讓我含著淚，抱著行囊忍耐下來。抵達高雄火車站後，幾經詢問，才知還要轉乘公車才會抵達目的地。在這之前，佛光山對我而言，只是每年過年時春節旅遊的景點，然而一個多小時的車程後，從公車上遙望到佛光山接引大佛慈悲的面容，那一顆動盪不安的心，卻就此安定下來。或許，這就是我與佛陀接心的開始。

記憶中的佛學院，應該從那一大排的桂花樹說起。前往佛學院報到的路程，要先經過一條長長的斜坡，兩旁種的是等身高的桂花樹，時值八月，濃郁的桂花香氣，搭配前方樓梯兩旁的石頭燈柱，有種古樸質感，這是我對佛學院的最初印象。

然而，報到後才是挑戰的開始，完全狀況外的我鬧了不少笑話，而最大要學習是時間的掌控，早上四點半打板，短短十五分鐘，要漱洗完畢、寢具整理好，搭上海青，站到走廊上排班準備做早課。對於那剛買的新棉被，想要摺成豆腐乾，只能用難調難伏來形容，看同寮學長輕鬆搞定，新生常是「望被興嘆」，當時又逢夏季，有人乾脆把棉被「供」起來，晚上睡覺不蓋被，早上直接整組移回原位，不過魔高一尺、道高一丈，巡寮老師深知個中三昧，看到「供被」，直接拿起展開，蓋到同學身上。雖然當時讓同學哇哇叫，但日後才體悟出老師的慈悲，不在夏天訓練好，冬天總不能也是如此一般吧！

忙碌而充實的學習，讓我很快將思鄉之情拋在一旁，然最讓我震撼的，卻是在宗門思想課程中講述的「怎樣做個佛光人」，當聽到「佛光人要先生活後生死；佛光人要先度生後度死」，突然覺得「對！這才是我心目中佛教應該有的樣子」，因為在這之前所接觸的佛教團體，只是告訴我「人生是苦啊！這世間是苦海啊！要趕快念佛求生淨土」，但對當時還是十幾歲的我，可說充滿疑惑，你說人間是苦，但我還沒深刻感受到什麼苦；你說世間是苦海要厭離，但我人生才要開始，未來數十年我又該怎麼過？這些都讓我困惑。直到聽到星雲大師對人間佛教思想的闡述，突有撥雲見日之感，可說這是我歡喜接受並發願將人間佛教思想發揚出去的最初因緣。

童真入道，在一般人形容「人不輕狂枉少年」的年紀裡，我在晨鐘暮鼓的叢林裡成長。坐在佛學院的四十坡上，星夜當空，就如〈弘法者之歌〉形容一般：「銀河掛高空，明月照心靈……」，我們歌詠佛陀，我們弘法布教；在佛學院的各個角落，嚴格的威儀訓練，一次又一次重複動作，行住坐臥都在學習調伏這顆散亂的心，訓練時時觀照當下。

我在進入佛學院第三年，一九九九年五月因緣具足而出家，然同年九月台灣發生了九二一大地震，學院同學趕赴災區救援，面對殘破山河、傾倒房屋，以及那一張張恐懼悲傷的面孔，既感世間無常，又覺責任重大，出家人弘法為家務、利生為事業，出家才五個月的我，能給他們的是什麼？那份道心，以及對眾生的慈悲心、菩提心，就在這樣的過程中不斷的長養。

信仰的力量，讓我在佛道上成長；師父星雲大師的慈悲智慧，讓我追隨他的腳步邁進，而佛學院，正是孕育這一切的源頭，可以說，是佛學院生活奠定了日後良好基礎。因緣不思議，每一段經驗都不曾空過，也是我的福報，進入佛學院的那年適逢佛光山開山三十週年，正是常住各方面基礎具備的時期，六年的佛學院生活，跟著常住的腳步，也一一恭逢盛會，如：恭迎佛牙舍利來台，響應三好運動，參與八萬慈悲愛心人遊行宣誓；南華大學、佛光大學先後創校，以行腳托缽、種樹、義賣，共成百萬人興學盛事；《人間福報》創辦，學院同學支援寫作，開啟日後筆耕之路；參與亞澳梵唄演唱，見證佛教梵音登上雪梨歌劇院……。如今，可以榮幸的說，在佛光山寫下的歷史中，我是眾中一個。

佛光山五十多年了，做為開山的第一棟建築——佛學院，這個孕育上千名佛光僧伽的搖籃，做為校友之一，我們也衷心的獻上祝福。

1

學中做、做中學，與不同組合的人做不同的事，
當中有自己投緣不投緣的人、自己擅長與不擅長的事。
從投緣的人與擅長的工作中增加信心；
也從不投緣的人與不擅長的事中，
學習廣结善缘、長養謙卑的心。

最好的修行

「很開心能看到師父上人與我們佛光山的教育——叢林學院！」此是回應手機內同學群組中，大家寄來九十多歲開刀後康復的師父上人星雲大師與佛學院學生開示的相片，亦牽引出我數十年前佛學院充實人生的學佛生活。

在佛學院生活中，我想師父上人與學生距離時遠時近，每天下午出坡時段，我總緊緊盯著要派往法堂、傳燈樓的申請，祈望與師父上人相遇，看看師父上人的背影也是心滿意足的。但幸運記號總未落在我手中。因為法堂、傳燈樓很少向學院申請出坡或已是固定人選，三年的佛學院生活中，終身難忘一次到法堂出坡，喜悅之情雖未幸得遇上師父，但腦中播下的種子至今也忘不了。

而平常佛學院老師向學生播下佛法的種子，從背誦名相、上台布教演講、寫各項心得報告、論文發表等，每一天均在緊湊中度過。有位置在學院園藝組工作，也是學生們喜歡發心擔任的，固定園藝組的學長，於山上大節日的日子總是最忙、最要人手的，平常我也喜歡關心學長的需求，經常做不請之友，搬土種花。特別檀信樓後方的一片三角地帶，由於學長的用心，種上各種色彩的小花，布置出具朝陽氣色令人歡喜的圖案。讓我學習到的不只是園藝種植技巧，更重要是學佛的一份耐性與用心。

記憶最深刻的是，每次尊敬的心如老師授課，我總是發出最多問題的一位學生，我也不了解為什麼，也許是緣分，我有問老師也必有答，甚或以禪味回應我愚蠢的問題。這是老師們的慈悲、智慧與方便的引導，令我種下不少方便法門的種子。禪在生活中應用無窮，也是人間生活禪首次在我心中播下的種子。

在佛學院的日子不愁不憂。作息跟隨鐘板訊號的提醒，漸漸由一位紅塵追逐者，到嚮往佛法真理，開啟心內慈悲自在的發願者。終於在種子因緣成熟下，踏上出家的大道。每一個人都有自己的個性，對死亡也有不同的見解與面對。但真正遇到情景，才知道各人功夫在哪兒。學院最後一年的日子裡，藥石數千人用餐的大齋堂內遇上地震，打七的佛友大聲念誦佛號「阿彌陀佛——阿彌陀佛——」，前排用餐法師們不動聲色，如如不動的安靜用餐，學生坐於中間的一排，在前排法師們如如不動，後排佛七佛友「阿彌陀佛——阿彌陀佛——」的大聲念誦因緣下，把我震出一顆顆出離心的種子。地震停頓後，步出雲居樓齋堂的我，腦海中閃耀出法師們如如不動的樣子，是如此可以安頓一顆顆慌亂的心。

心裡慈悲無價寶，心裡慈悲無價寶。「慈悲」的定義就是「慈能予樂，悲能拔苦」，能夠帶給別人快樂，拔除別人的痛苦，這就是最好的修行，也是最上的無價之寶。近距離在法堂與師父同桌用餐，是我們一群面試後即將成為出家人的學生，接受師父身教言教堅定要成為出家弟子的機會。師父問，我們答。心情緊張中師父以話語法水鼓勵大家。我珍惜因緣，遠近的距離是真是假不再重要，重要的是師父已在我的心中，遍灑了菩提種子。

駱慧瑛

只緣心在此山中

若能無住生心，心生何處？

二〇〇〇年至二〇〇二年，我在佛光山叢林學院就讀，完成人生中最特別而具意義的學習。叢林學院是一個令人慧眼初開之地，你我在眾中互相影響互相成長。在叢林學院裡我們不僅全面而有系統的深入經藏，更重要是我們每天學習佛法的同時，把佛學知識即時運用在行住坐臥中。

叢林學院是一個同體共生之地，是一方淨土，也是一片戰場。淨土或戰場，在乎個人一念間。面對自己一直未察覺的習氣，佛學院提供了多次認知和突破的機會。佛學院的生活規律如軍營，這段時空能幫助去除個人主義。沒有華服修飾，沒有學歷包裝。我們面對最真實的自己，一念貪瞋癡，一刻戒定慧，皆無所遁形。貪著多變的心念讓我們不斷提起正念。生命中的叢林日子，培養了往後生活佛法化，佛法生活化。

除了早晚課、佛法概論、經典選讀、五堂功課、專題討論如唯識與心理學等課，我們定時出坡、過堂行堂，支援常住大型法會，讓學子參與其中，行解並重。寶橋成了我們自度與度他分野，也是修心與利他的聯繫。定期舉辦的佛七和禪七，禪淨共修，一動一靜皆反映了自心散亂，我們從中觀照和淨化紛飛的思緒。我在佛學院時有幸參與文宣公務工作，及在巡迴梵唄唱誦中參與敦煌樂舞，體驗透過藝術文化來弘法利生。

如果沒有星雲大師的大愛、大願和大能，頑劣驕慢如我，今生可能沒緣聽聞正法和皈依三寶。在佛學院就讀的日子裡，我們常有機會親聽大師教誨，與師父上人接心，我也曾有幸在師父上人手中接過嘉許，深深感受大師的慈悲。除了大師，各位法師、老師和同學們皆具慈悲和智慧，他們善巧方便、能言善辯、循循善誘、威儀具足，令規律的佛學院生活充滿了朝氣和綻放異彩。有趣的事情多不勝數，令當時初學佛的我充滿欣喜和鼓舞，大大增加了生命的深度和寬度。樸實無華的佛學院生活，卻微妙的令生命無形的增添了立體感，讓心靈沉澱，讓生命昇華，讓人欣喜莫名。

在叢林學院的日子，培養我研究佛學的興趣，同時也培養了利他的精神與習慣，令往後的生命富有多重意義。同時認識了一班志同道同的好友。共同為他人「出生入世」的善知識、知己良朋。他們大多已出家為僧，在世界各地作弘法利生之事，有的遠在巴西、美國、非洲及東南亞等地；有的如今已是一方當家，也有留守在本山上，在美術館當館長、在大雄寶殿內作香燈、在醫療處照顧眾生身心需要等；有的多年前在佛學院畢業後，在佛光大學、南華大學或西來大學繼續攻讀碩士博士，然後回到山上，在編藏處進行龐大而精細的編藏工作。他們都是弘法利生這千秋大善業的中流砥柱，我向他們長年無我的默默付出致敬。

感恩三寶及十方成就這學佛行佛的因緣，下山近十八載，夜半常夢回山中，以為自己仍睡在東上樓中，山中寂靜，夢中獨醒，見窗外燕子從大悲殿滑翔至佛學院，剪開了弘法者之路的序幕。蟬聲輕伴晨鐘暮鼓，低吟中警醒了我們的迷夢。山水平靜，隨六十坡掃落葉之聲更現清明，與心呼應。我慚愧仍未脫胎換骨，雙手合十，奉一手甘泉，以報滴水之恩。願隨大師與大眾生生世世在菩提路上並肩同行，至他日共乘佛道。

回到人間紅塵，平常一般繁華市廛，才有禪心便不同。下山近十八載，身在外，心在山上。只緣心在此山中。

唯有依靠佛法

就讀佛學院時，常常有公務派到殿堂為信徒香客服務，偶爾遇到一些老婆婆很會問問題，最常以台語問的是：「少年仔，你們都這麼年輕，為什麼要來佛門讀書？」這個問題一直是一般人深為好奇的共同疑問。

俗語云：「為誰辛苦？為誰忙？」正如當年向母親說明：「我不想這一生只為幾個人忙，僅希望能有機會為千千萬萬的人而忙。」自己也不知道為什麼有這種想法，總覺得必須去追求生命的意義價值，是很重要的事情。

從小目睹父母的貧困艱難，母親來自台灣中部的鄉下，和世代久居台北的父親結婚，看著母親受到族人歧視和欺凌，卻無力幫她，深感無奈，也自覺有太多的不明白，更加肯定不想要在這樣的人文環境過一生。一次一次的內心衝擊，一次一次的肯定，我一定要去找尋心中的人間淨土，相信它一定存在的。

因此，毅然來到佛學院，為了尋尋覓覓那個內心不斷湧現的清淨國土而入學。

回想三十多年前的佛學院生活，那短短的二年，真是一段很歡喜快樂的日子。

大雄寶殿才剛完成，常住陸續還有其他地方的興建工程，出坡作務稀鬆平常，但卻也是我們最大的樂趣。例如：典座揮大鏟、教室粉刷油漆、撿柴火、摘龍眼、全山平安燈吊掛布置等等，都很新鮮，都很刺激，都很有成就感。

猶記得，大灶點火點不著，還熏得淚水直流的糗事，飯頭學長首次使用瓦斯鍋，不熟悉點火的操作，就探著頭看點火，瞬間點燃一晃當中，眉毛燒焦了，惹得廚房的大家哄堂大笑。

一年的暑假，老師安排我做庫頭工作，那二個月六十天是最一心一意的日子，也是最難忘的體驗。每天一睜眼都在想菜單，晚上一閉眼也都在想菜單，滿腦子除了菜單還是菜單，幾乎讀不下去任何書籍；每天三餐都得經過三位老師用過餐後，出來給了我批評指導後，才敢進去用餐。

有一天，午餐後，慈嘉法師找我說：「永懺同學啊！你把我們都當成傻瓜嗎？」

「報告嘉師父，我聽不懂。」

「你今天的菜單，是四菜一湯，但用瓜類做菜就有四種，你都讓我們吃瓜，不是把我們當傻瓜嗎？」嘉師父面帶笑容，幽幽的說著。

我搔頭想想：涼拌小黃瓜加胡蘿蔔絲（綠色紅色）、滷大黃瓜加麵筋（黃色）、苦瓜炒豆豉（白色黑點）、紅燒麵腸（紅色）、冬瓜薑絲湯。果真如是，四菜一湯，瓜類占了四種。原來一心一意中，還是顧此失彼，「只顧色香味，忽略蔬菜類」。

過去在家裡，只負責洗衣服，廚房事是分配給妹妹們的事，來到佛學院，重新學習各種生活技能，樣樣都能自己來，從中體驗很深，收穫非常豐富。

尤其我們這一班臥虎藏龍，同學個個都是人才，很有個性，很有意見，很有看法，但也很團結。遇到意見分歧時，關起門窗吵一吵，吵完開窗雲消霧散。尤其奉行最徹底的是「利和同均」，母親常常搭交通車，帶來連夜炒好的麵茶粉，也是我回饋大家，廣受歡迎的唯一結緣品。

短短二年的學院生活，卻是充實無比，例如：澎湖海天佛剎的傳授五戒、梁皇法會；大仙寺的打佛七、信徒香會園遊會、演話劇而認識佛學名相等等，從籌備、布置、司法器、善後等等，全部包辦完成，真是多彩多姿的佛學院生活。

偶爾，有機會到籃球場和師父及職事法師們打球，一開始放不開，都在丟掉球或被搶球。但是，在球場上往往可以聽到師父的開示。曾經有印象深刻的一句話，一位同學在球場向師父訴苦：「某某同學現在都不理我了，我該怎麼辦？」

師父星雲大師慈悲的開導他：「靠人人會老，靠山山會倒，唯有依靠佛法才最穩當。把心放在讀書求學上，以後會更有力量與發展。」這位同學點頭而去。走筆至此，忽然想起，數十年前的這句話不正是印證了「有佛法就有辦法」？

佛學院畢業後，在本山佛光山十年的養成，二十年學習應用在外，弘化服務大眾。

服務過程中遭遇到的人與事，讓自己更清楚看到自己的問題和不足。從各種困難阻礙當中，看到自己的不圓滿，終於體會師父常開示的「藉事練心」。我不是來佛門「謀職業、找工作」，我是發了心、立了願，要來從事利益大眾的事業，藉此練就自己的身心趨於淨化，積累多生多世的習性煩惱無明，得以掃除清理。

因此，二年的佛學院生涯，給了我開啟佛法寶山的鑰匙，我知道我已經進入寶山，已經走在修行路上。修行啊！修行！是要修正自己的身行、語行、心行，真正做自己的主人，不被情緒左右，不被人我牽動。所謂「反觀自己，莫向外求」。

第三十年後又回歸本山懷抱，百感交集，感觸良多，永遠只有感恩：感恩三寶、感恩佛陀、感恩常住、感恩師父、感恩十方一切信施、感恩所有一切因緣……。

我在佛學院的日子①

文　佛光山叢林學院　提供
圖　吳曉惠　繪製
照片　法堂書記室・佛光山叢林學院　提供

總編輯　賴瀅如
主編　田美玲
編輯　蔡惠琪
內頁設計　蔡佩旻
封面設計　許廣僑

出版・發行　香海文化事業有限公司
發行人　慈容法師
執行長　妙蘊法師

地址　241新北市三重區三和路三段117號6樓
110台北市信義區松隆路327號9樓
電話　(02)2971-6868
傳真　(02)2971-6577
香海悅讀網　www.gandha.com.tw
電子信箱　gandha@gandha.com.tw
劃撥帳號　19110467
戶名　香海文化事業有限公司

總經銷　時報文化出版企業股份有限公司
地址　333桃園縣龜山鄉萬壽路二段351號
電話　(02)2306-6842

法律顧問　舒建中、毛英富
登記證　局版北市業字第1107號

定價　新臺幣320元
出版　2020年8月初版一刷
2020年9月初版二刷
ISBN　978-986-99122-0-4
建議分類　佛光山｜佛學院｜叢林教育｜
勵志｜翻轉生命

國家圖書館出版品預行編目(CIP)資料

我在佛學院的日子 / 佛光山叢林學院著. -- 初版. --
新北市 : 香海文化, 2020.08
冊 ; 12.8×18.5公分
ISBN 978-986-99122-0-4 (第1冊 : 平裝)

佛光山｜佛學院｜叢林教育｜勵志｜翻轉生命
220.7　　109008542